Manual de QuickBooks Online en Español – Guía para lat
Copyright © 2023 by ServerCom USA Corp.

Limit of Liability and Disclaimer of Warranty

Trademarks

BIENVENIDOS A QUICKBOOKS ONLINE

QuickBooks Online de Intuit es uno de los mejores programas de contabilidad para compañías de pequeño y mediano tamaño en USA y Canada. QuickBooks Online es muy asequible en precio y ofrece una amplia variedad de características usadas en el registro contable de miles de empresas.

QuickBooks Online ofrece a dueños de negocios soporte en vivo de expertos en registro contable y contadores. El programa provee un rango de planes entre $15-$100 por mes con acceso a herramientas y reportes necesarios para la gestión contable.

¿POR QUÉ APRENDER QuickBooks ?

La gestión contable y la carrera de contador (**Accounting**) son profesiones estables y de rápido crecimiento y el software o programa más utilizado por las empresas es QuickBooks, debido a su facilidad de uso y reputación para llevar la contabilidad de diferentes tipos de áreas o industrias como : *Ventas minoristas y mayoristas* (**Retail and Wholesale**), *Servicios Profesionales* (**Professional Services**), *Manufactura* (**Manufacturing**), *Servicios Contables* (**Accounting**), *Construccion y Contratistas* (**Construction & Contractors**) entre otros.

CARACTERÍSTICAS GENERALES DE QUICKBOOKS ONLINE

- Automatiza tareas para reducir la entrada manual y el doble registro evitando errores humanos.

- Permite realizar el seguimiento de los *Gastos* (**Expenses**) y las *Ganancias o Beneficios* (**Profits**), administrar el *Inventario* (**Inventory**) para mantenerse en un nivel óptimo de *Flujo de Caja* (**Cash Flow**).

- Incluye al menos 20 tipos de *Reportes Prediseñados* (**Pre-built Reports**) así como informes personalizados dependiendo del plan mensual escogido.

- Maneja formas 1099 para contratistas independientes y realiza un seguimiento por separado de la nómina del personal a tiempo completo.

- El software te permite *Facturar a tus Clientes* (**Invoicing**), ver las *Cuentas por Cobrar* (**Accounts Receivable**) y aceptar Pagos (**Payments**), actualizando al instante el libro mayor.

- Es posible usar todas las herramientas principales provistas por el QuickBooks Online a través de su celular mediante una Aplicación (**App**) disponible para dispositivos iOS y Android.

- Se puede usar por varios usuarios simultáneamente en diferentes localizaciones y dispositivos como tabletas, PC y Celulares.

COMPRENDIENDO LA CONTABILIDAD DE QUICKBOOKS

QuickBooks automatiza la contabilidad, efectuando el seguimiento de las transacciones a lo largo del ciclo contable, desde la creación de órdenes de compra y recepción de artículos hasta la venta de bienes y servicios y el ingreso de los pagos.

QuickBooks usa cuentas con el propósito de agrupar los datos financieros. El estado de cuentas de balance se realiza haciendo un seguimiento de los *Activos* (**Assets**) y los *Pasivos* (**Liabilities**). El activo se considera lo que tu compañía posee, incluso dinero en *Efectivo* (**Cash**), inventario, equipo, edificios y *Dinero adeudado por tus Clientes* (**Accounts Receivable**); por otro lado las cuentas de pasivo o responsabilidad rastrean las deudas de tu compañía, incluyendo préstamos, deudas de tarjeta de crédito, impuestos y las *Cuentas por Pagar* (**Accounts Payable**), lo que debes a los proveedores. Las *Cuentas Patrimoniales* (**Equity Accounts**) rastrean ganancias retenidas por el crecimiento comercial o inversiones hechas en la compañía por sus dueños. A medida que tu ingresas las *Órdenes de Compra* (**Purchase Orders**), *Cuentas x Pagar* (**Bills**), *Facturas* (**Invoices**) y *Pagos* (**Payments**) en QuickBooks, sea asocia a cada uno de éstos con una cuenta en particular de activo, pasivo o patrimonial.

Esta es la base fundamental para el proceso automatizado del estado de cuentas u *Hoja de Balance* (**Balance Sheet**) usando el programa de QuickBooks. Un estado de cuentas describe la salud financiera de tu compañía y es calculado basado en la fórmula simple: ***Activos = Pasivos + Equidad patrimonial***. La mayor parte del poder de QuickBooks viene de su capacidad de rastrear transacciones complejas, interrelacionadas y cómo ellas contribuyen a esta fórmula. Mientras mantengas completos los registros y asocies las transacciones ingresadas con las cuentas apropiadas, QuickBooks maneja la mayor parte de la complejidad de la contabilidad de la empresa por ti.

REGISTRANDO UNA CUENTA DE QUICKBOOKS ONLINE

(ACCOUNT SIGN UP)

QuickBooks Online presenta varios planes de precios que pueden pagarse mensual o anualmente, dependiendo del país donde te encuentres los planes pueden variar un poco. Para acceder usamos el siguiente link **https://QuickBooks.intuit.com/pricing/** o podemos buscar por google por "**QuickBooks Online Plans**".

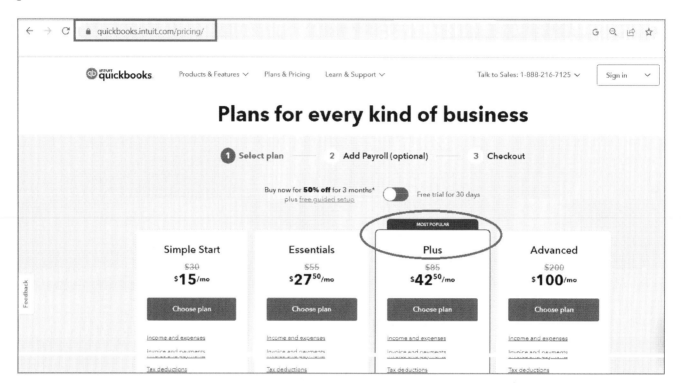

> ***Nota*** : *Para las personas que no quieren usar la versión de prueba o no tienen tarjeta de crédito, QuickBooks Online proporciona una versión de ejemplo donde se pueden usar la mayoría de características y opciones, la cual es completamente gratis, usar el siguiente enlace: https://qbo.intuit.com/redir/testdrive, y pueden saltar esta seccion de creacion y configuracion de una cuenta en QuickBooks Online.*

Para efectos prácticos y debido a que todos los temas de este curso están incluidos en el plan más popular (**Plan Plus**), trabajaremos sobre este en una *Versión de Prueba* (**trial**) que nos ofrece QuickBooks Online por 30 días, la cual contiene todas las características del plan real comprado.

- **Paso 1.** Ir al enlace (**link**) de planes de QuickBooks online :
  https://QuickBooks.intuit.com/pricing

- **Paso 2.** Click en el botón *Gratis Prueba por 30 Días* (**Free Trial for 30 Days**).

- **Paso 3.** Click en el botón *Escoger Plan* (**Choose Plan**).

  > ***Nota*** : *En el siguiente paso nos preguntará por adicionar el módulo de Nómina (**Payroll**), el cual se paga aparte y es opcional. Por el momento no lo tomaremos y lo podemos habilitar posteriormente.*

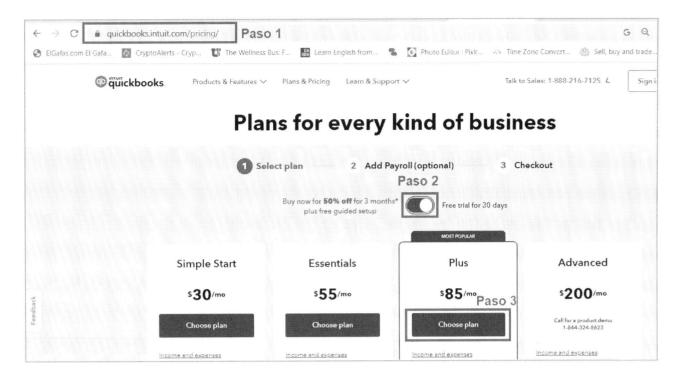

- **Paso 4.** Click en el botón *Continuar sin Nómina* (**Continue without Payrol**l).

- **Paso 5.** Click en el botón *Finalizar Compra* (**Checkout**).

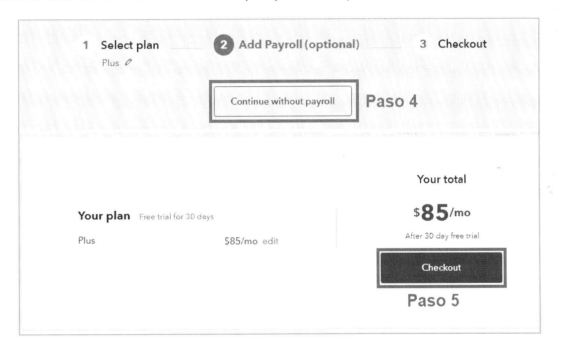

Ahora tenemos que registrarnos con nuestro correo electrónico y número de celular, dependiendo de las ofertas puede o no que te pida un tarjeta de crédito. No te cargara si no pasados 30 días y puedes cancelar en cualquier momento.

- **Paso 6.** Escribir el *Correo Electrónico* (**Email or UserID**).

- **Paso 7.** Escribir el *Número del Celular* (**Mobile number**).

- **Paso 8**. Escribir una *Clave* (**Password**).

  Nota : *Esta debe cumplir con las reglas de tener letras mayúsculas, números y un carácter especial y la longitud mínima de 8 caracteres .*

- **Paso 9**. Click en el botón *Registrarse con Email* (**Sign Up with Email**).

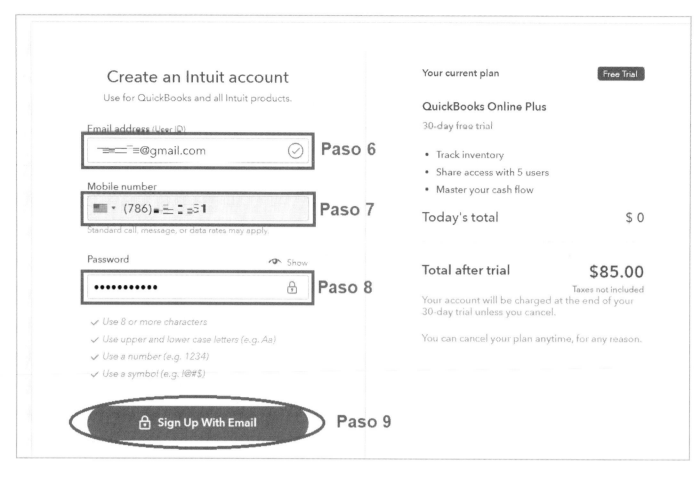

Te pedirá un código de verificación el cual es enviado a tu celular como mensaje de texto.

- **Paso 10.** Escribir el *Código de Verificación* (**Enter 6-digit Code**).

- **Paso 11.** Click en el botón *Continuar* (**Continue**).

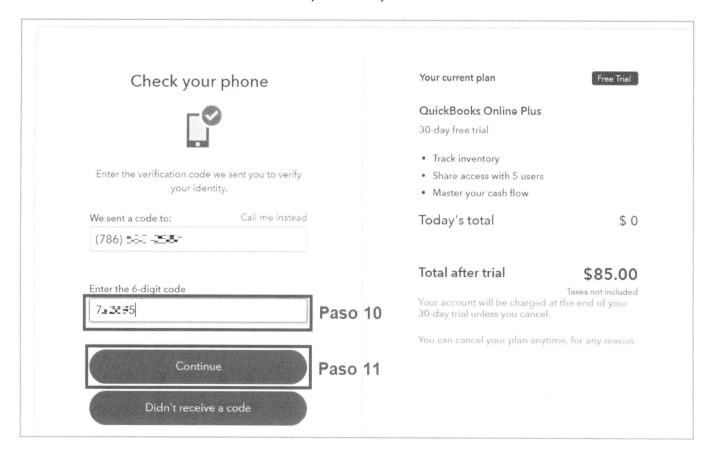

CONFIGURACIÓN DEL NEGOCIO EN QUICKBOOKS ONLINE (GET STARTED)

Inmediatamente después de crear una cuenta en QuickBooks Online y entrar por primera vez nos aparece la página de de *Inicio de Configuración* (**Get Started**), donde a través de una serie de preguntas, vas configurando las características principales de la empresa.

Esta configuración inicial se puede cambiar o ajustar posteriormente, si ya tienes un archivo de empresa establecido, puedes saltar esta parte y empezar a mirar las opciones dadas en la *Página de Inicio* (**Home Page**).

- *¿Cómo se llama tu Negocio o Empresa ?* (**What do you call your business?**): En este cuadro de texto se escribe el nombre del negocio, QuickBooks también lo usará para nombrar el archivo creado. Si quieres llamarlo igual como aparece en tus facturas o documentos , entonces puedes hacer Click en el cuadro de chequeo *Este es el Nombre Legal de mi Negocio* (**This is my legal business name**).

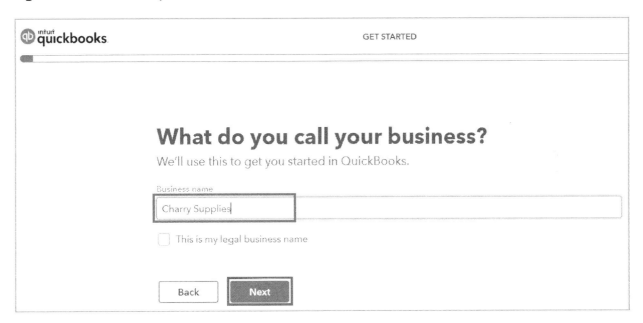

- *¿Cómo quieres comenzar ?* (**How do you want to get started?**): Esta pregunta nos plantea varias opciones con el fin explorar otras alternativas diferentes a la configuración inicial. En nuestro caso selecciona la primera que dice *Configurar y Empezar mi Negocio en QuickBooks* (**Setup and start running my business in QuickBooks**).

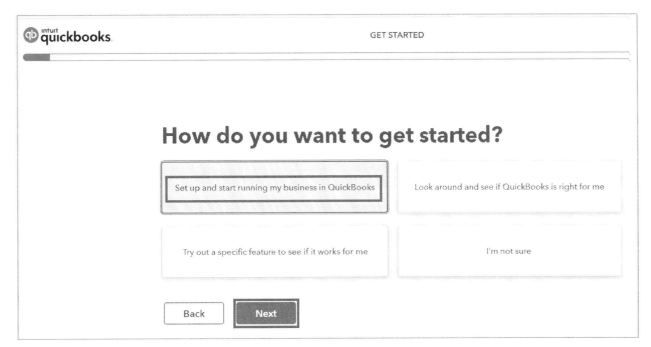

- *¿Cómo has manejado tus finanzas ?* (**How have you been managing your finances?**): Aquí te preguntan qué programas has usado anteriormente para llevar tu negocio con el fin de ayudarte a ver cómo puedes migrar tus datos o información anterior a QuickBooks. Para nuestro caso deseamos seguir con la configuración inicial .

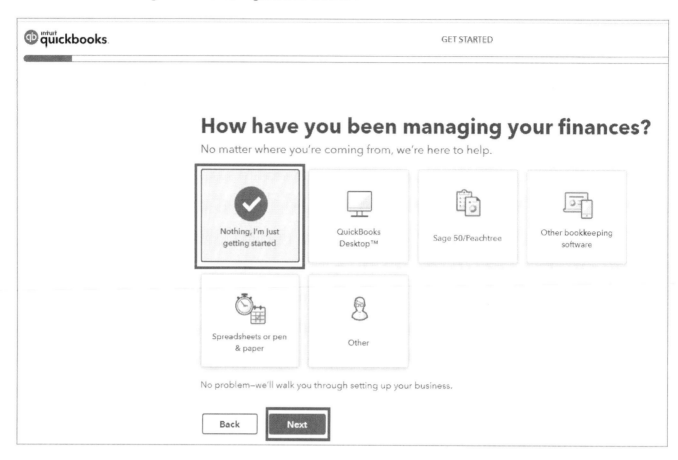

- *¿Cuántos años tiene tu negocio ?* (**How long has been in business?**). Escogemos un rango de años de la lista desplegable.

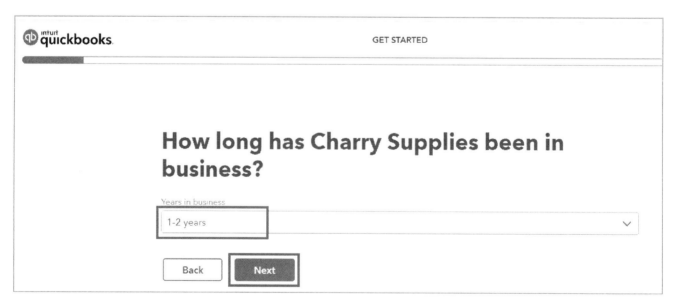

- *¿Qué clase de negocio es ?* (**What kind of business is this ?**). Esta pregunta es acerca si nuestra empresa es tipo *LLC* (**Limited Liability Company**), la cual es una estructura de empresa en USA, que protege a los dueños de la responsabilidad personal acerca de las deudas contraídas por la empresa. En nuestro caso hacemos Click en *No*. Luego te proporciona varias alternativas de tipos de compañías (Propietario único, organización sin ánimo de lucro, corporación, etc.) con el fin de asociar cada cuenta de ingresos y gastos con los impuestos correspondientes de las líneas de tu declaración de impuestos, por lo que es más fácil para ti o tu contador en la preparación de la declaración del *Impuesto sobre la Renta* (**Income Tax**). Para nuestro caso si tienes alguna duda selecciona *No estoy Seguro* (**I'm not sure**) y luego de hablar con tu contador podemos actualizar posteriormente la clase de empresa a la que pertenece tu negocio.

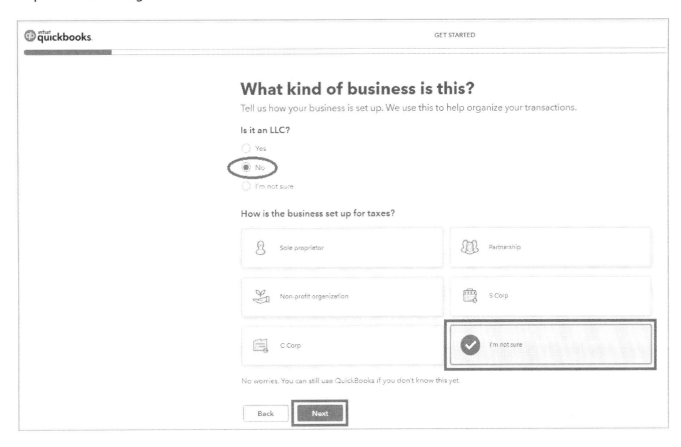

- *¿Cual es tu industria?* (**What's your industry?**): En este cuadro de texto escribes el sector que mejor se adapte a tu tipo de negocio.

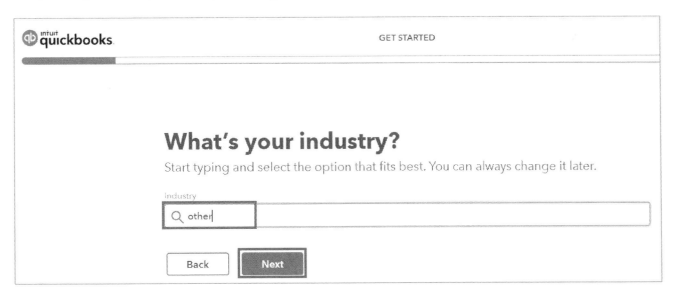

- *¿Cual es tu papel o cargo principal dentro de la empresa?* (**What's your main role at Company?**). Aquí puedes seleccionar *Propietario o Socio* (**Owner or partner**), *Empleado* (**Employee**), *Contador* (**Accountant**).

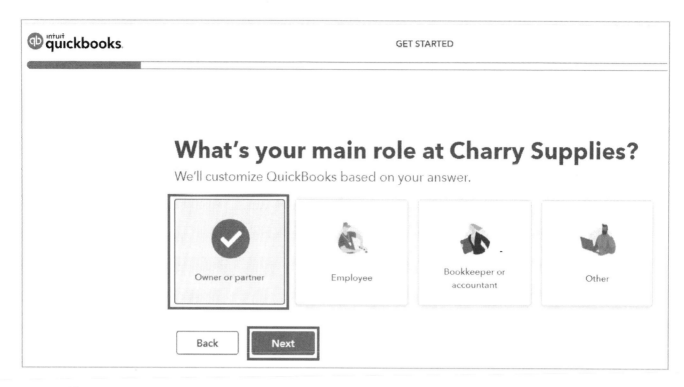

- **¿Quién trabaja en tu empresa?** (**Who works at this business?**). Básicamente escoges aquí si trabajas solo o tienes algunos empleados.

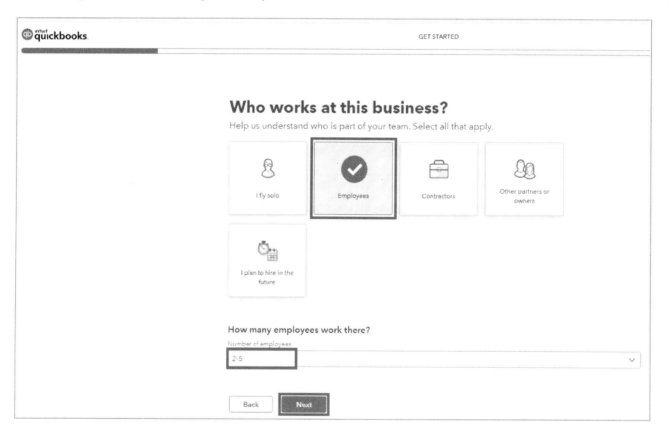

- **¿Deseas adicionar el módulo de nómina?** (**Want to add QuickBooks Online Payroll Premium?**). Debido a que en la pregunta anterior escribimos que teníamos empleados, el cuestionario de QuickBooks Online nos pregunta si deseamos adicionar el módulo de *Nómina* (**Payroll**) el cual tiene un costo mensual extra. En nuestro caso hacemos click en *No lo Quiero Adicionar ahora* (**No, I don't want add payroll**).

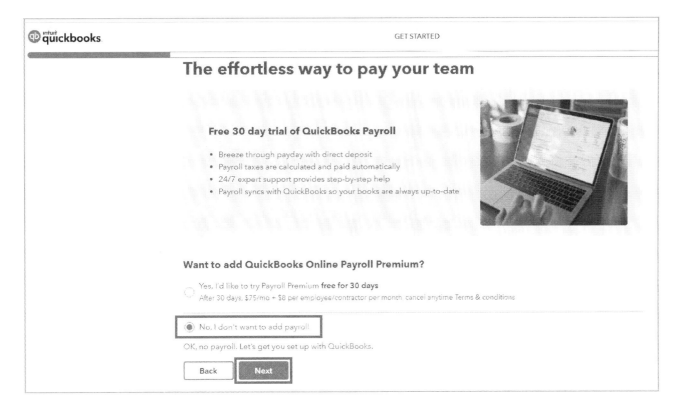

- *¿Algún Contador te ayudará con los registros contables?* (**Does a bookkeeper help with your books?**):Es muy probable que una asistente o contador nos ayude con los registros contables que adicionamos luego, por ahora respondemos que **No**.

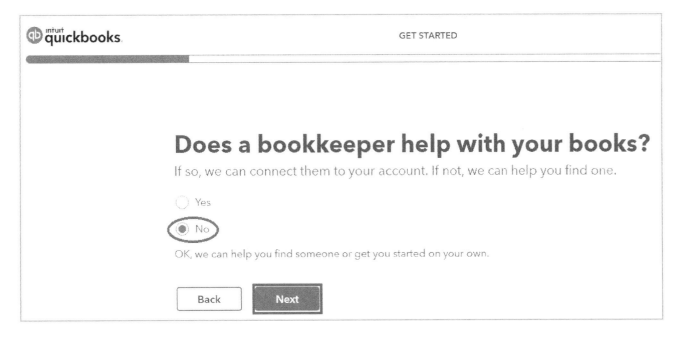

- *¿Qué aplicación usa en tu negocio?* (**What apps do you use for your business?**): Aquí se refiere a la app o programa online usado generalmente para facturación y pagos, en nuestro caso para no complicarnos *Saltamos esto por Ahora* (**Skip for now**).

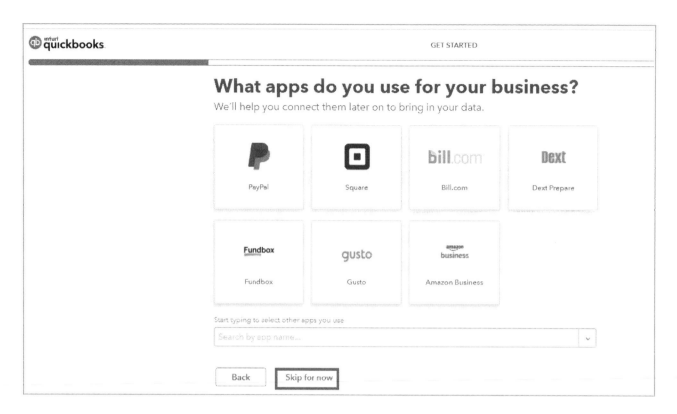

- **¿Qué desea hacer en QuickBooks ?** (**What do you want to do in QuickBooks?**): Si quieres empezar con algo específico como *Aceptar Pagos* (**Accept Payments**), *Crear Estimados* (**Create Estimates or Quotes**), *Manejar Inventario* (**Manage Inventory**), etc puedes acceder a una de las opciones mostradas, como esto se tratará en detalle dentro del curso hacer Click en *Saltar esto por Ahora* (**Skip for now**).

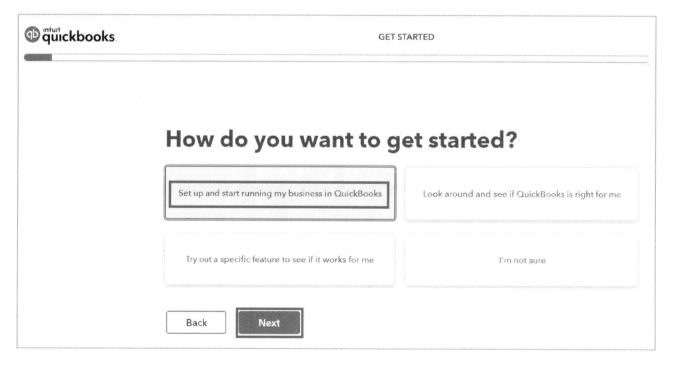

- **¿Qué deberíamos hacer primero?** (**What should we do first?**): Esta pregunta no se puede saltar así que debemos decidir entre *Estar listo para hacer Facturas* (**Get ready to Invoice**), *Seguimiento de Recibos y Gastos* (**Track Receipts & Expenses**). En nuestro caso elegimos la primera, la cual es la más común.

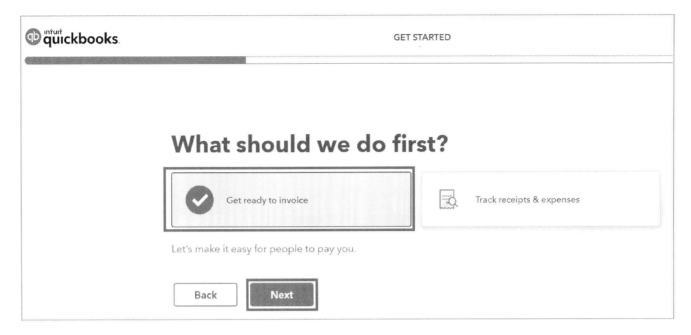

- *¿Empezar a recibir pagos con las facturas?* (**Start getting paid with invoices).** Si necesitamos configurar una *Factura* (**Invoice**) y recibir los *Pagos online* (**Payments**), podemos hacerlo en este momento, hacer Click en *Saltar por Ahora* (**Skip for now**) ya que lo veremos en detalle posteriormente en este curso.

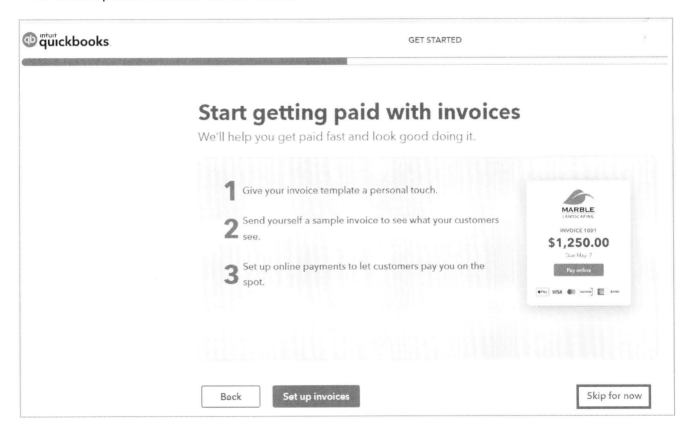

- *Obtener la App para celular de QuickBooks Online*: Si queremos acceder a la App de QuickBooks Online la para celulares o tablets tipo iOS Apple o Android, aquí podemos descargar los códigos QR. En nuestro caso hacer Click en *Próximo* (**Next**).

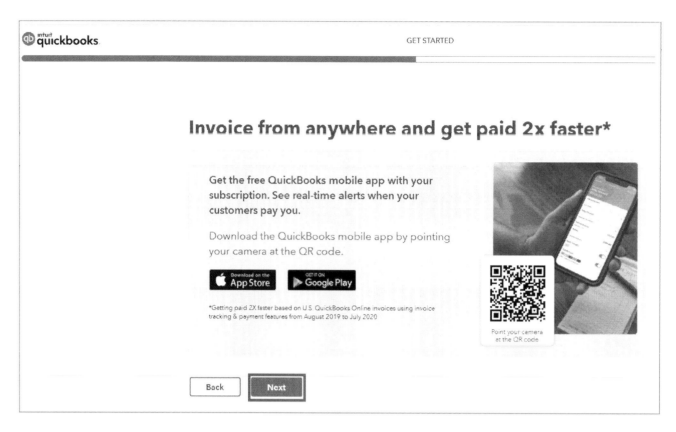

- *Casi estamos listos para completar esta configuración* (**We're almost ready to dive in!**): Nos muestra una pantalla de unas tareas hechas para empezar a trabajar con el programa, hacer Click en el botón *Vamos* (**Let's go**)

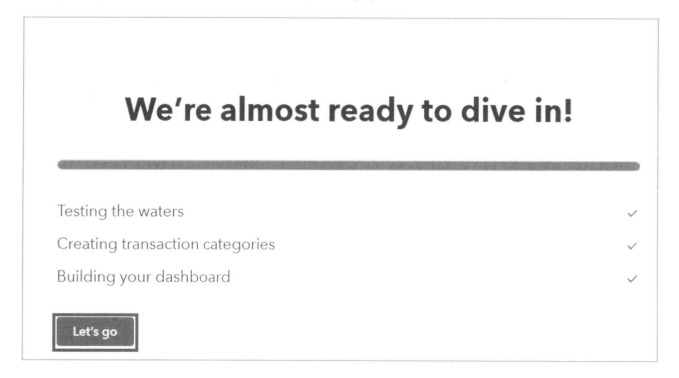

En este punto QuickBooks Online sugiere una lista de *Chequeo de Configuración* (**Setup Check List**), en nuestro caso vamos a cerrarla dado que esto va a estar en detalle explicado en los siguientes capítulos de esta guía. Para cerrar la check list seguimos los pasos:

- **Paso 1.** Hacer Click en el menú de 3 puntos localizado a la derecha de la pantalla de la lista de chequeo.

- **Paso 2.** Click en la opción *Cerrar la Lista de Chequeo* (**Close Checklist**).

- **Paso 3.** Click de nuevo en el botón *Cerrar Lista de Chequeo* (**Close Checklist**).

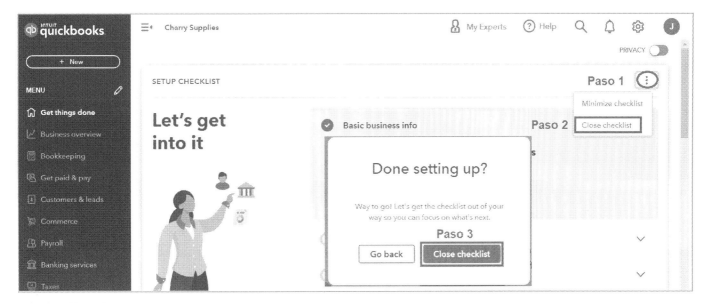

SETUP CHECKLIST

Paso 1

Minimize checklist

Close checklist

Let's get into it

Basic business info

Paso 2

Done setting up?

Way to go! Let's get the checklist out of your way so you can focus on what's next.

Paso 3

Go back   Close checklist

NAVEGACION BASICA POR LA PANTALLA INICIAL

QuickBooks Online proporciona una serie de barras de menús e iconos donde puedes tener acceso a todas las opciones posibles del programa. Una opción o una tarea específica puede alcanzarse usando diferentes caminos dependiendo del gusto del usuario.

QuickBooks Online tiene dos diferentes tipos de visualizaciones o vistas, por defecto inicia con la *Vista de Negocios* (**Business View**) y es usada principalmente por personas que desean hacer las tareas básicas sin mucha experiencia contable, y la *Vista Contable* (**Accounting View**) usada por personas con algunos conocimientos contables y contadores. Esta guía recomienda la vista contable o clásica donde tenemos acceso a las opciones de una manera más directa.

Para cambiar a la *Vista Contable* (**Accounting View**) hacer los siguientes pasos :

- **Paso 1.** Hacer Click en el *Icono de la Rueda* (**Gear Icon**) de configuración localizado en la parte superior derecha.

- **Paso 2.** Click en la opción Cambiar a la *Vista Contable* (**Accounting View**).

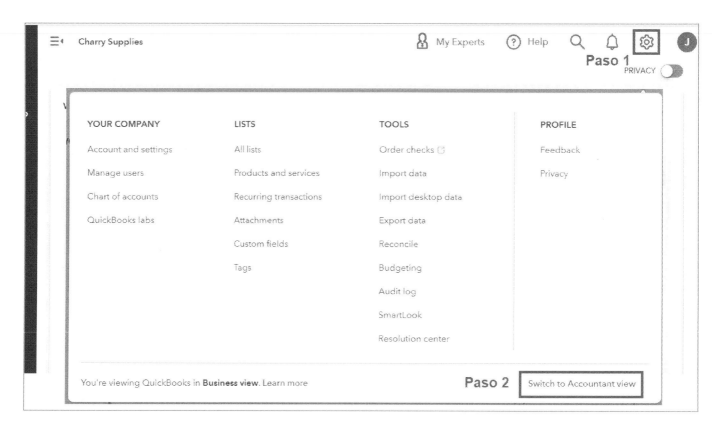

Básicamente la página principal la podemos dividir en 3 secciones: La *Barra de Navegación* (**Navigation Bar**) ubicada en la parte izquierda la cual es la más usada porque te da acceso a todas las opciones de QuickBooks Online. La segunda sección se denomina el *Tablero* (**Dashboard**) que en forma visual representa las opciones y el flujo de información de la compañía.

Por último otra sección importante la accedemos a través del icono de *Rueda de Configuración* (**Gear Icon**), también comúnmente llamado como *Menú de Configuración* (**Settings Menu**), el cual se usa para configuraciones de la empresa y acceder herramientas de migración y auditoría.

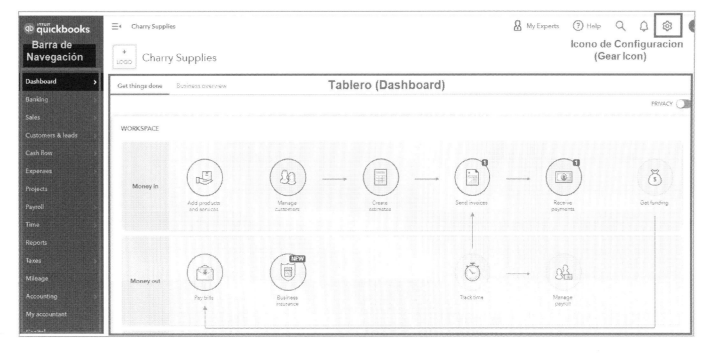

BARRA DE NAVEGACIÓN (NAVIGATION BAR)

En la parte Izquierda de QuickBooks Online podemos observar la *Barra de Navegación* (**Navigation Bar**) la cual nos da acceso a prácticamente todas las opciones y tareas que podemos realizar con el programa. Cada opción a su vez despliega submenús que detallan específicamente lo que buscamos hacer. Entre las opciones más importantes del menú tenemos:

- **Dashboard:** Despliega y da una vista resumida de información relevante en forma gráfica.

- **Banking:** Esta opción es usada para acceder a las actividades relacionadas con los bancos como cheques, depósitos, tarjetas de crédito, transferencias, reconciliaciones, etc.

- **Sales:** Muestra todas las transacciones de ventas incluyendo *Facturas* (**Invoices**), *Clientes* (**Customers**) , *Productos y Servicios* (**Products & Services**).

- **Customers & Leads :** Aquí puedes hacer un seguimiento completo de *Clientes* (**Customers**), chequear el estado de las facturas, marketing a los clientes mediante un enlace con el programa Mailchimp.

- **Cashflow:** Esta opción es útil para analizar la entrada y salida de dinero de la empresa, tiene como principal herramienta el *Planificador de Flujo de Efectivo* (**Cashflow Planner**).

- **Expenses:** Muestra todas las transacciones relacionadas con *Compras* (**Purchases**) y *Gastos* (**Expenses**) así como detalles de *Proveedores* (**Vendors**).

- **Payroll**: Aquí es donde se manejan empleados y contratistas, seguimiento del tiempo trabajado, beneficios, impuestos y requerimientos legales.

- **Reports:** Accede a los reportes o informes generados por QuickBooks Online, basados en las transacciones diarias de la compañía.

- **Taxes**: Esta opción te ayuda a configurar automáticamente los cálculos de Impuestos (**Taxes**), para cumplir con las normas legales, así como también generar las formas 1099 para los contratistas.

- **Accounting**: Incluye el *Plan de Cuentas* (**Chart of Accounts**) y herramientas para reconciliar con las cuentas relevantes a los bancos.

- **My Accountant**: Mediante esta opción te permite invitar a tu contador a través de un link enviado vía email con el fin de trabajar juntos sobre la información de tu empresa almacenada en QuickBooks.

- **Commerce**: Permite conectarse a los canales de venta como ebay, amazon, shopify y automáticamente traer la información hacia QuickBooks.

- **Apps:** Aquí puedes encontrar herramientas y aplicaciones compatibles con QuickBooks Online para integrar mejor todos los aspectos de los procesos del negocio.

TABLERO DE NAVEGACIÓN (DASHBOARD)

Está dividido en 2 *Pestañas* (**Tabs**) llamadas *Cosas para Hacer* (**Get things done**), que contiene el *Espacio de Trabajo* (**Workspace**) el cual representa visualmente el flujo de la información con secciones claramente separadas : *Dinero Entrante* (**Mone In**), *Dinero que Sale* (**Money Out**) y R*eportes* (**Reports**).

La otra pestaña se denomina *Visión General del Negocio* (**Business Overview**), mostrando reportes y gráficas generales del negocio en aspectos como las *Pérdidas y Ganancias* (**Profit and Loss**), *Resumen Ventas* (**Sales**), *Gastos* (**Expenses**), *Facturas Pendientes* (**Unpaid Invoices**), etc.

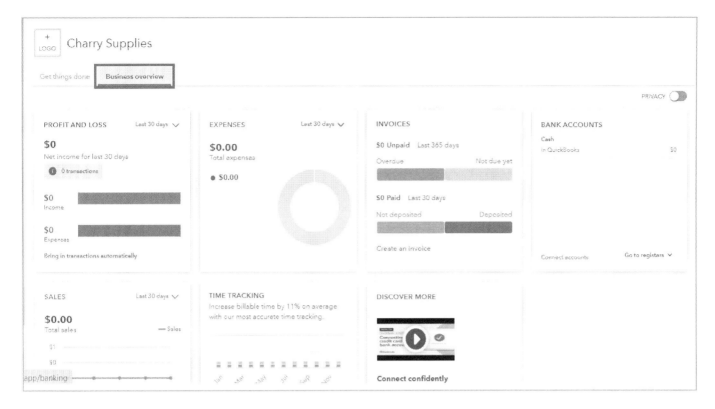

ICONO O BOTÓN DE CONFIGURACIÓN (GEAR ICON)

El botón de configuración ubicado en la parte superior derecha cuyo icono es representado por una *Rueda Dentada* (**Gear Icon**), tiene como propósito principal ofrecer unas opciones que usamos principalmente en la configuración inicial del negocio cosas como : Información básica de la compañía, logo, configuración de usuarios, adicionar listas de productos, proveedores, clientes, ajustar diseño de formatos, importar/exportar datos, entre otros.

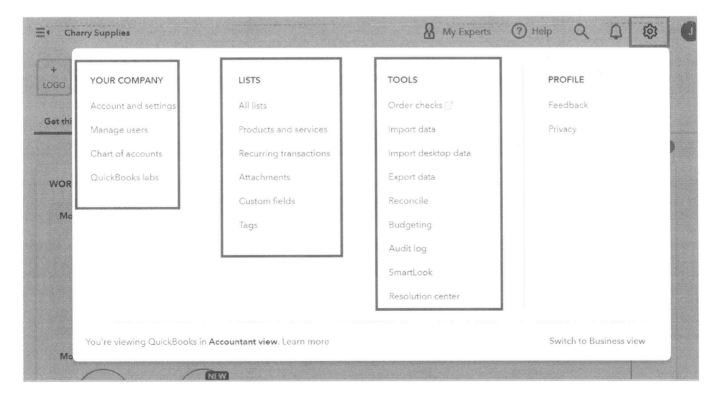

ACTUALIZAR INFORMACIÓN BÁSICA

Vamos a actualizar alguna información básica de la empresa la cual quedó pendiente en la configuración inicial.

INFORMACIÓN DE LA EMPRESA (COMPANY INFO)

- **Paso 1.** Hacer Click en el *Icono de la Rueda* (**Gear Icon**).

- **Paso 2.** Click en la opción *Cuentas y Configuración* (**Account and Settings**).

- **Paso 3**. Click en *Compañía o Empresa* (**Company**).

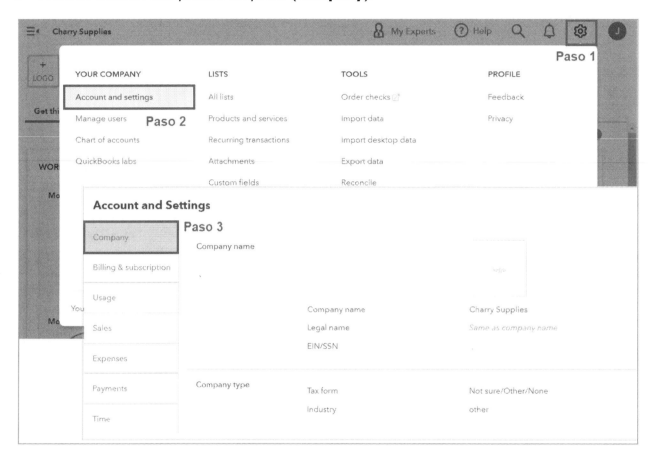

Notamos que la pantalla se divide en secciones, para actualizar cada una te vas al icono del lápiz ubicado en el lado superior derecha, para guardar los cambios hacer Click en el botón *Guardar* (**Save**), si por el contrario quieres descartar los cambios hacer Click en el botón *Cancelar* (**Cancel**).

➢ **Company Name**: Esta sección es usada para adicionar o actualizar el logo haciendo Click sobre el cuadro gris, en el cuadro de texto *Nombre de la Empresa* (**Company Name**) actualizas el nombre si es diferente al nombre legal. Podemos elegir el botón **EIN** si tu compañía es una *Corporación o Sociedad* (**Partnership**) o tienes empleados. De lo contrario elige **SSN** si tu identificador de impuestos es el número de *Seguro Social* (**Social Security Number**) o el número de *Identificación Individual de Impuestos* (**ITIN**).

➢ **Company Type**: En esta sección elegimos de la lista desplegable *Formato de Impuestos* (**Tax Form**) el tipo de compañía con fines fiscales, QuickBooks Online usará la forma o formato de impuestos adecuada para la *Declaración de Impuestos* (**Income Tax**).

➢ **Contact Info**: Escribir la información de contacto como el *Email de la Empresa* (**Company email**), si para los clientes se maneja un email diferente puedes deshabilitar el cuadro de chequeo *El mismo que el de la empresa* (**Same as company email**) y adicionar uno diferente, luego escribir el *Teléfono del Negocio* (**Company Phone**) y *Sitio Web* (**Website**) de la empresa en los correspondientes cuadros de texto.

➢ **Address:** Hay 3 cuadros de texto para escribir direcciones diferentes, la primera es para la direccion donde esta localizada la empresa, QuickBooks Online usa esta para calcular los impuestos sobre ventas que se aplicarán, en el segundo cuadro se puede escribir otra dirección donde los clientes pueden enviar los pagos o documentos y por último el tercer cuadro de texto es la dirección para efectos fiscales. Si usamos únicamente una dirección, debemos dejar activado la caja de chequeo *La Misma dirección de la Empresa* (**Same as Company address**).

ACERCA DEL AÑO FISCAL (FISCAL YEAR)

Está configurado en forma predeterminada el mes de Enero (**January**) cómo el primer mes del año fiscal, lo cual hace más fácil preparar la empresa en la declaración de impuestos. Si por alguna razón necesitas empezar el año fiscal en otro mes, con los siguientes pasos puedes acceder a la ventana de modificar *Año Fiscal* (**Fiscal Year**):

- **Paso 1.** Hacer Click en el *Icono de la Rueda* (**Gear Icon**).

- **Paso 2.** Click en la opción *Cuentas y Configuración* (**Account and Settings**).

- **Paso 3**. Click en *Avanzado* (**Advanced**).

- **Paso 4**. Ir a la sección de *Contabilidad* (**Accounting**) y Click en el icono del Lápiz.

- **Paso 5.** En esta pantalla puedes cambiar el *Primer mes del Año Fiscal* (**First month Fiscal Year**) y el *Primer mes del Año de Contribuciones* (**First month of income tax year**), haciendo Click en la lista desplegable correspondiente. También es posible elegir el método contable entre el basado en *Acumulación* (**Accrual**) y el basado en *Efectivo* (**Cash**).

- **Paso 6.** Click en el botón *Guardar* (**Save**) para almacenar los cambios.

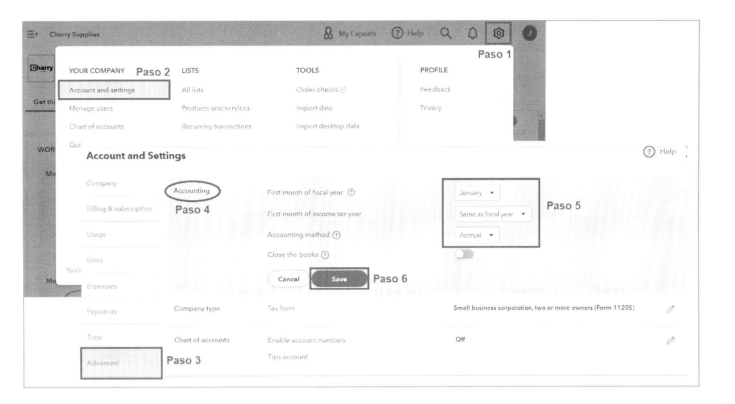

ADICIONAR USUARIOS Y PERMISOS (ADDING USERS & PERMISSIONS)

Si tienes varios miembros o empleados que te ayuden con el proceso de facturación o el manejo de reportes, etc. entonces posiblemente quieras agregarlos como usuarios al programa QuickBooks Online, en este capítulo vamos aprender como agregarlos así como manejar y editar sus permisos.

También echaremos un vistazo al registro de auditoría (**Audit log**), el cual nos permite rastrear toda la actividad del sistema, la cual nos muestra qué usuarios están activos o cerraron sus sesiones y también qué tareas hicieron. Por lo tanto si hubo algún problema es posible rastrear o investigar las últimas transacciones hechas y quien puede ser el presunto responsable.

Para adicionar o ver usuarios existentes seguimos los pasos :

- **Paso 1.** Hacer Click en el *Icono de la Rueda* (**Gear Icon**).

- **Paso 2.** Click en la opción *Manejar Usuarios* (**Manage Users**).

- **Paso 3.** Hacer Click en el botón *Adicionar Usuario* (**Add User**).

  Nota : *Observamos que en la parte superior nos muestra cuantos usuarios podemos usar en nuestro plan. Actualmente tenemos el QuickBooks Online Plus que nos permite hasta 5 usuarios trabajando simultaneamente.*

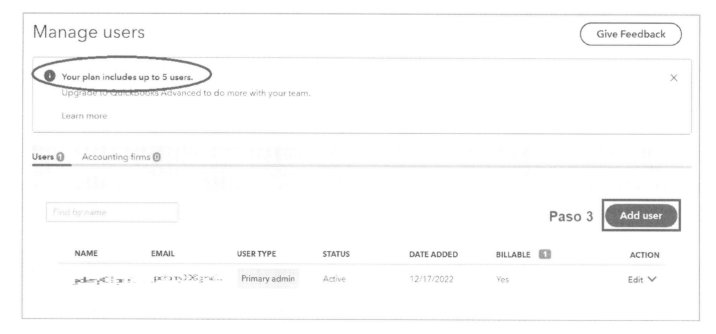

Básicamente hay dos tipos de usuarios en QuickBooks Online, el *Estándar* (**Standard User**), que puede realizar las tareas comunes como crear facturas, pagar gastos, manejar productos y servicios, etc. pero no tiene acceso a todas las opciones ni derechos administrativos. El otro usuario es llamado *Administrador* (**Company Administrator**) que tiene un acceso completo a todo aparte de las actividades normales, puede cambiar información de la compañía, actualizar suscripciones, adicionar otros usuarios, ver los registros de auditoría, etc.

Adicionalmente QuickBooks Online incorpora dos tipos de usuarios más, el de *Solo Reportes* (**Reports Only**) el cual puede ver todo tipo de reportes excepto los relacionados con la nómina o con la información de contacto de la empresa, dado que este usuario no modifica información se pueden adicionar varios sin importar el límite de restricción impuesto por el plan de suscripción. El último tipo de usuario es llamado *Seguimiento de Tiempo* (**Time Tracking Only**), el cual cuando ingresa a QuickBooks Online solo tiene acceso a las hojas de tiempo e informes relacionados con tiempo laboral trabajado , como horas de entrada, horas de salida, permisos, vacaciones,etc. necesarios para la nómina.

- **Paso 4.** Seleccionamos el usuario *Estándar* (Standard User) y Click en el botón *Próximo* (**Next**)

La siguiente tabla muestra los permisos o privilegios que el usuario puede tener como : *Todos* (**All**), *Ninguno* (**None**) o *Limitado* (**Limited**).

Permisos	Descripción
All	Clientes y ventas, proveedores y compras, manejar empleados, ver log de actividades, manejo de cuentas contables, depósitos y transferencias, Reconciliación, Ver todos los reportes, manejo de impuesto a las ventas, Configurar varios tipos de moneda, gestión de recibos y facturas por email. etc
None	Restringir todo los permisos. Puede ser cuando se retira un empleado de contabilidad y se quiere dejar el usuario activo para efectos de auditoría.
Limited	Habilita solo permisos para tareas de Clientes y Ventas o Proveedores y Compras.

- **Paso 5.** Hacer Click en *Todos* (**All**) para seleccionar los permisos y Click en el botón *Próximo* (**Next**).

El siguiente paso nos muestra una serie de preguntas para darle privilegios extras al usuario creado :

- ❖ *¿Deseas que este usuario adicione, edite y remueva Usuarios ?* (**Do you want this user to add, edit, and remove users?**).
- ❖ *¿Deseas que este usuario edite datos básicos de la información de la empresa ?* (**Do you want this user to edit company info?**).
- ❖ *¿Deseas manejar suscripciones a planes ?* (**Do you want this user to manage subscriptions?**).

Paso 6. Dejar las opciones que vienen marcadas por defecto y hacer Click *Próximo* (**Next**).

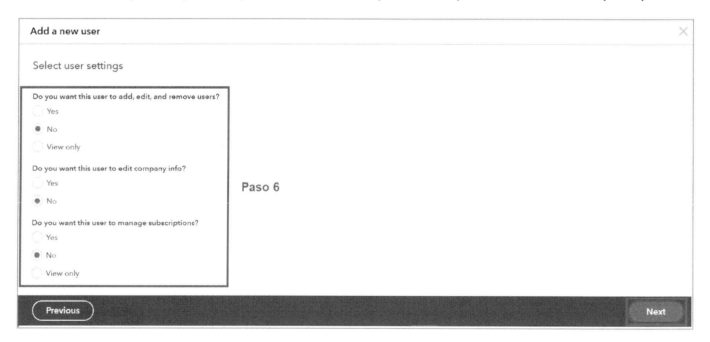

- **Paso 7.** Escribir el *Nombre* (**First Name**), *Apellidos* (**Last Name**) y *Correo electrónico* (**email**) en los cuadros de texto correspondiente y hacer Click en el botón *Guardar* (**Save**).

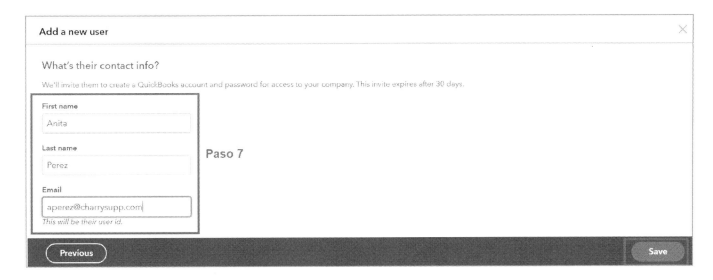

Ya podemos ver el nuevo usuario en la lista de usuarios activos, QuickBooks Online le enviará un email con el *Enlace* (**Link**) para que pueda hacer el registro de entrada y definir la *Clave* (**Password**).

- **Paso 8.** Abrir el correo enviado por QuickBooks Online donde te muestra la invitación por parte del administrador y hacer Click en *¿Listo para empezar? ¡Vamos!* (**Ready to get started? Let's go!**).

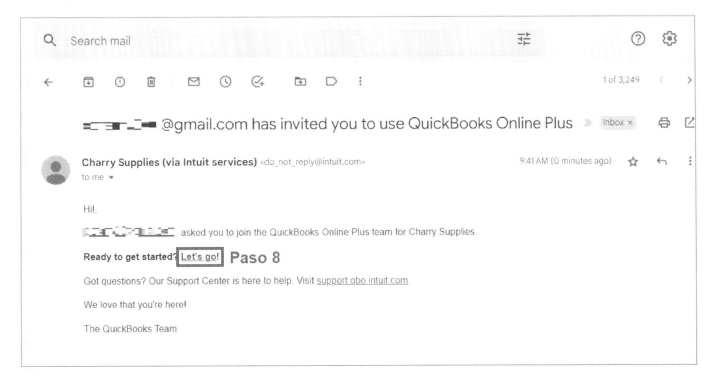

- **Paso 9.** Click en el botón *Aceptar la Invitación* (**Accept Invitation**).

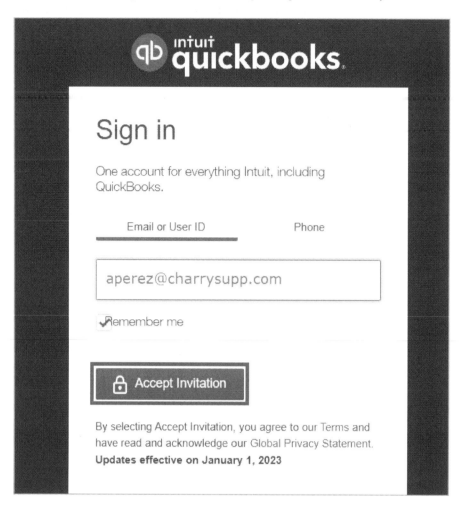

- **Paso 10.** Escribir la *Clave de Entrada* (**Password**) y *Confirmar la Clave* (**Confirm Password**) en los correspondientes cuadros de texto.

  Nota : *Esta debe cumplir con las reglas de tener letras mayúsculas, números y un carácter especial y la longitud mínima de 8 caracteres.*

- **Paso 11.** Escribir una *Pregunta de Seguridad* (**Security Question**) y escribir la *Respuesta (**Answer**).*

- **Paso 12.** Hacer Click en el botón *Crear Cuenta* (**Create Account**).

- **Paso 13.** Click en el botón *Continuar* (**Continue**).

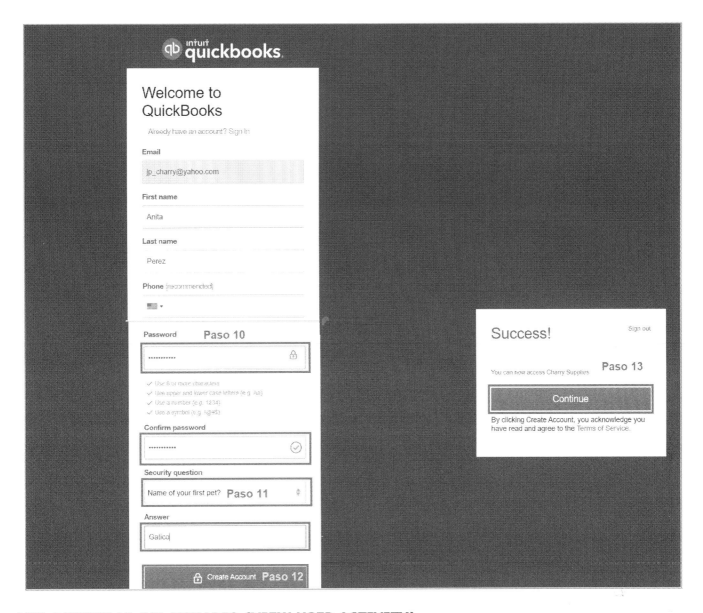

VER ACTIVIDAD DEL USUARIO (VIEW USER ACTIVITY)

Si deseas ver un archivo completo de las actividades de cada usuario (**Full Audit Log**), como *Entrada y Salida del Sistema* (**Login In, Login Out**), opciones y menús usados,etc. Sigue los pasos :

- **Paso 1.** Hacer Click en el *Icono de la Rueda* (**Gear Icon**).

- **Paso 2.** Click en la opción *Manejar Usuarios* (**Manage Users**).

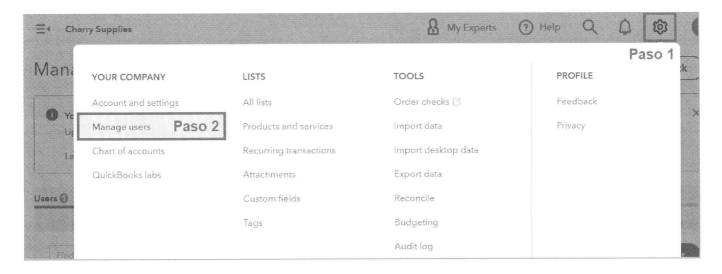

- **Paso 3.** Localizar el usuario y hacer Click en la flecha junto al botón *Editar* (**Edit**).

- **Paso 4.** Click en la opción *Ver Actividad de Usuarios* (**View User Activity**).

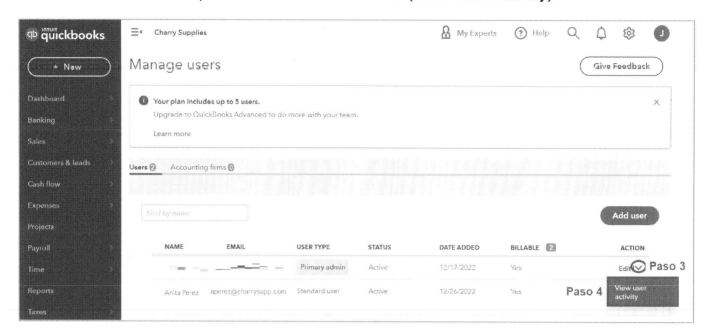

Nota : *Si deseas ver la actividad de todos o cambiar a otro usuario o ver algo en una fecha determinada, puedes usar los filtros un la parte superior de esta pantalla con el fin de seleccionar la información.*

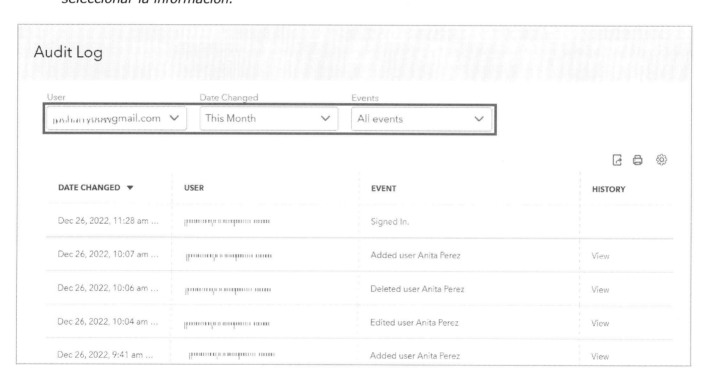

PLAN DE CUENTAS (CHART OF ACCOUNTS)

Tu primera prioridad debe ser el plan de cuentas. QuickBooks Online ha creado algunas cuentas durante la configuración inicial de la compañía dependiendo del tipo de empresa, pero la mayoría de las compañías necesitan cuentas adicionales para llevar los libros contables con exactitud. Tú debes establecer primero el Plan de Cuentas (**Chart of Accounts**), porque algunas otras actividades que la empresa desarrolla requieren cuentas específicas. Por ejemplo, tu asignas los artículos que vendes a cuentas de ingresos y los gastos de nómina a cuentas de obligaciones pero también a cuentas de gastos.

Básicamente en QuickBooks hay 4 grupos principales de cuentas :

➢ *Activos* (**Assets**): Las cuentas de activos incluyendo lo que es propiedad tuya que tiene algún valor como: *Edificios* (**Building**), *Tierras* (**Land**), *Equipos* (**Equipment**), *Inventario* (**Inventory**) también incluye *Efectivo* (**Cash**), *Cuentas Bancarias* (**Bank Accounts**), *Cuentas por Cobrar* (**Accounts Receivable**) entre otros.

➢ *Pasivos* (**Liabilities**): Incluye todo lo que debemos como: *Préstamos Bancarios* (**Bank Loans**), *Préstamos Hipotecarios* (**Mortgage Loans**), *Cuentas Por Pagar* (**Accounts Payable**), *Impuestos de Atrasados* (**Income tax Payments due**), *Impuestos de Nomina atrasados o vencidos* (**Payroll Taxes due**), etc.

➢ *Ingresos* (**Income**): Las cuentas de ingresos registran las diferentes fuentes de ingresos de tu empresa como: *Ventas de Productos y Servicios* (**Sales**), *Comisiones* (**Commissions**), *Subcontratos* (**Sub-contractors**), etc.

➢ *Gastos* (**Expenses**): Estas cuentas registran los gastos relacionados con *Publicidad y Promoción* (**Advertising and Promotion**), *Artículos de Oficina* (**Office Supplies**), *Seguros* (**Insurance**), *Arriendo* (**Rent**), Contribuciones a Caridad (**Charitable Contributions**), Gastos Legales (**Legal Fees**) etc.

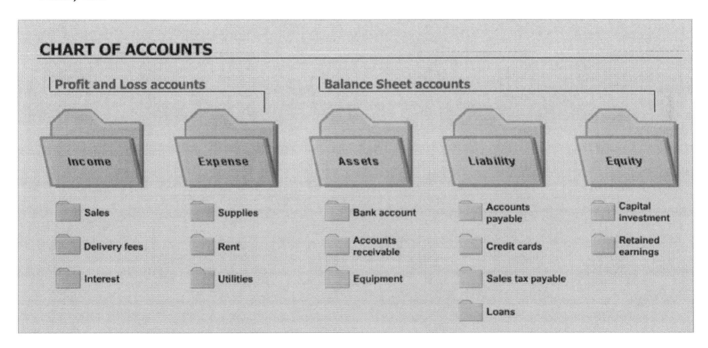

VER EL PLAN DE CUENTAS (LOCATE THE CHART OF ACCOUNTS)

Hay varias formas de acceder al plan de cuentas , puede ser a través del menú de navegación ubicado en la parte izquierda o usando el icono de configuración.

- **Paso 1.** Hacer Click en el *Icono de la Rueda* (**Gear Icon**).

- **Paso 2.** Click en la opción *Plan de Cuentas* (**Chart of Accounts**).

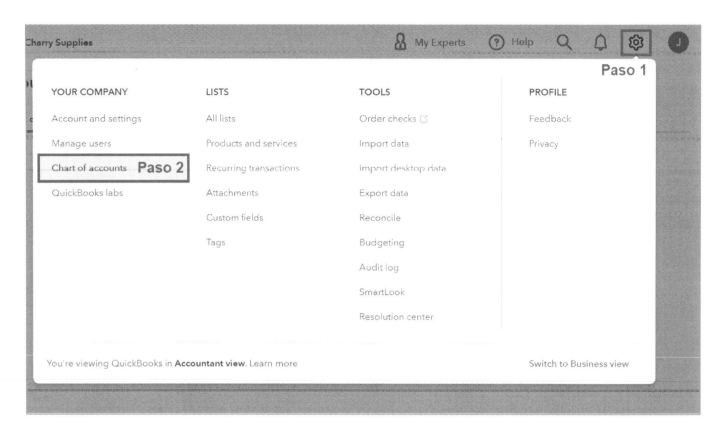

Si es por primera vez QuickBooks Online te muestra un mensaje de que ya hay configuradas unas cuentas por defecto y que puedes adicionar o configurar unas nuevas.

- **Paso 3.** Click en el botón *Ver el Plan de Cuentas* (**See your Chart of Accounts**).

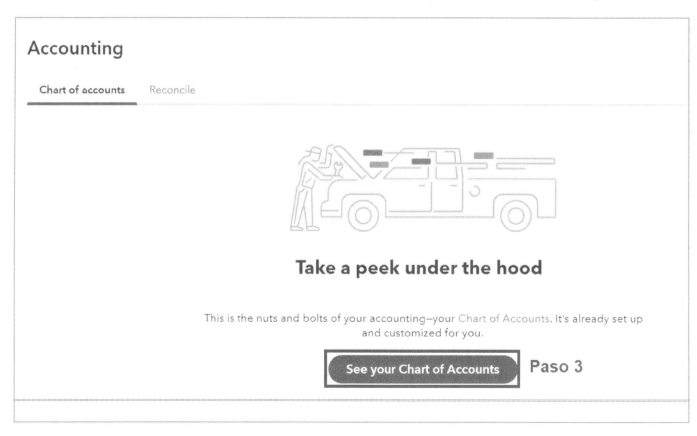

Ahora podemos ver la lista de cuentas en varias columnas como : *NOMBRE DE LA CUENTA* (**NAME**), la cual es usada en los reportes financieros, la siguiente columna es el *TIPO DE CUENTA* (**TYPE**) que identifica si la cuenta pertenece a un *Activo* (**Asset**), *Pasivo* (**Liability**), Ingreso (**Income**), *Gasto* (**Expense**) o un *Equity* (**Patrimonio**). El *TIPO DE DETALLE* (**DETAIL TYPE**) describe en detalle el tipo de cuenta.

La Columna *BALANCE DE QUICKBOOKS* (**QUICKBOOKS BALANCE**), muestra el saldo actual asociado con las cuentas. En la siguiente columna denominada *Saldo de Banco* (**BANK BALANCE**), la cual nos muestra los balances del banco una vez se crean las conexiones y transacciones asociadas con ellos.

La última columna denominada *ACCIÓN* (**ACTION**) que es una lista desplegable donde se pueden realizar varias cosas con la Cuenta como : Editarla, conectarla con una cuenta de banco, ejecutar un informe o desactivarla si no se quiere usar .

EL USO DE NÚMEROS DE CUENTAS (ACCOUNT NUMBERS)

Aunque QuickBooks utilice nombres de manera predeterminada, los planes de cuentas también se organizan usando una numeración para trabajar de una forma eficiente y simple si lo requiere su contador. En QuickBooks Online la numeración se hace manual. Para activar la numeración de cuenta hacemos los siguientes pasos:

- **Paso 1.** Hacer Click en el *Icono de la Rueda* (**Gear Icon**).

- **Paso 2.** Click en la opción *Cuentas y Configuración* (**Account and Settings**).

- **Paso 3**. Click en *Avanzado* (**Advanced**).

- **Paso 4**. Ir a la sección *Plan de Cuentas* (**Chart of Accounts**) y Click en el icono del Lápiz.

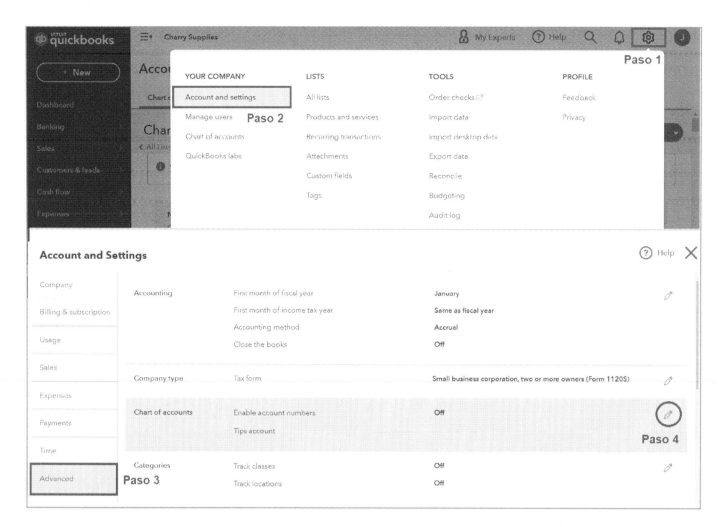

- **Paso 5.** Deslizar el botón a la derecha de *Habilitar números de Cuenta* (**Enable Account Numbers).**

- **Paso 6.** Hacer Click en el cuadro de chequeo *Mostrar números de Cuenta* (**Show Account Numbers**).

- **Paso 7.**Hacer Click en el botón *Guardar* (**Save**).

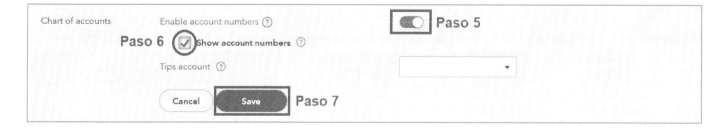

Ahora procedemos a asignar un número a la cuenta en forma manual siguiendo los pasos :

- **Paso 1.** Hacer Click en el *Icono de la Rueda* (**Gear Icon**).

- **Paso 2.** Click en la opción *Plan de Cuentas* (**Chart of Accounts**).

- **Paso 3.** Hacer Click en el icono del Lápiz.

- **Paso 4.** Escribir el número en el cuadro de texto correspondiente a la columna *NÚMERO* (**NUMBER**).

    Nota : *Podemos escribir el número de varias cuentas al mismo tiempo, lo que se denomina por Lote (**Batch Actions**).*

- **Paso 5.** Hacer Click en el botón *Guardar* (**Save**).

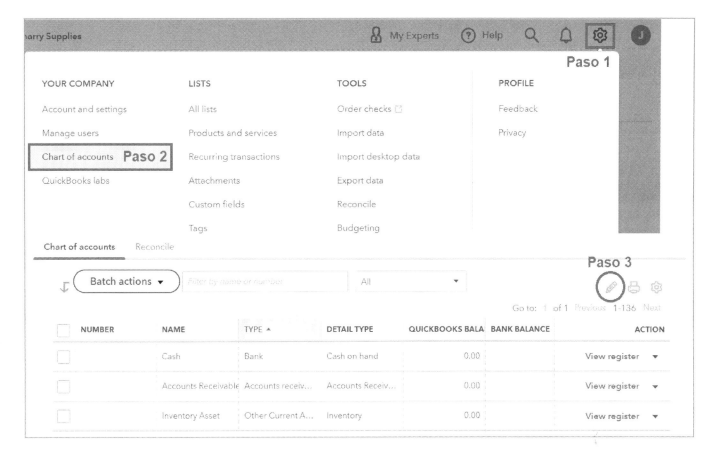

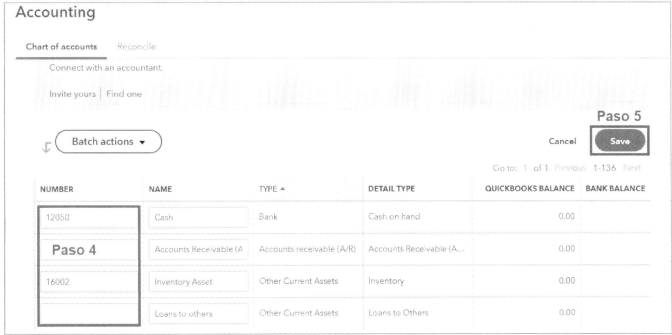

UTILIZANDO SUBCUENTAS (SUB-ACCOUNTS)

Las subcuentas proporcionan un modo de fijar las transacciones de forma más exacta usando subcategorías, para categorías de cuentas principales. Por ejemplo, si tu creas una cuenta de *Gastos* (**Expenses**) para gastos de *Seguros* (**Insurances**), puedes querer tener subcuentas para el seguro de vehículo (**Car Insurance**), seguro de salud (**Health Insurance**), seguro de responsabilidad civil (**General Liabilit**y) etc. Cuando creas informes, QuickBooks Online muestra los totales individuales para las subcuentas, junto con el gran total para la cuenta principal.

ADICIONANDO CUENTAS (ADD NEW ACCOUNT)

Puedes añadir más cuentas, si necesitas hacer un seguimiento a otros tipos de transacciones. Haciendo los siguientes pasos :

- **Paso 1.** Hacer Click en el *Icono de la Rueda* (**Gear Icon**).

- **Paso 2.** Click en la opción *Plan de Cuentas* (**Chart of Accounts**).

- **Paso 3.** Click en el botón *Nuevo* (**New**) ubicado en la parte superior derecha.

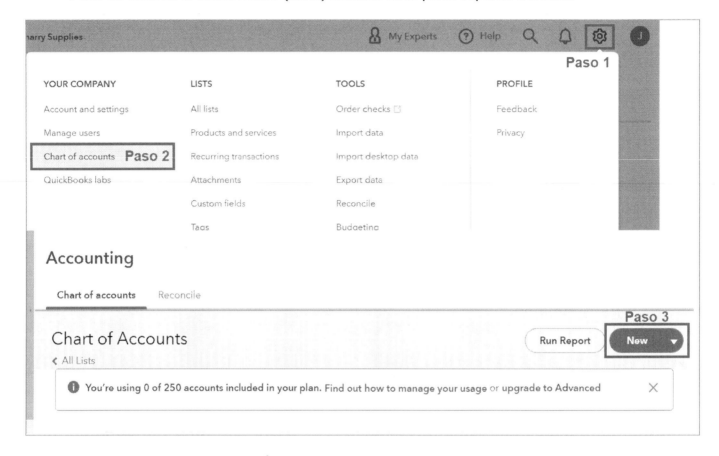

- **Paso 4.** Click sobre la categoría principal de cuenta (Income, Expenses, Banks, etc).

- **Paso 5.** Seleccionar de la lista desplegable *Guardar bajo esta Cuenta* (**Save Account under**) que corresponde a la sub-cuenta o podemos buscar escribiendo la palabra clave.

  *Nota : Por defecto observamos el campo Sección Formulario de Impuestos (**Tax form section**), nos muestra la cuenta para efectos fiscales.*

- **Paso 6**. Escribimos el *Nombre de la Cuenta* (**Account Name**).

- **Paso 7.** Escribimos en *Descripción* (**Description**) un breve detalle a lo que corresponde dicha cuenta.

- **Paso 8.** Hacer Click en el botón *Guardar* (**Save**).

  Nota: QuickBooks Online proporciona múltiples cuentas y subcuentas para manejar un negocio standard, antes de crear una cuenta consulta con tu contador si se puede usar una cuenta ya predeterminada.

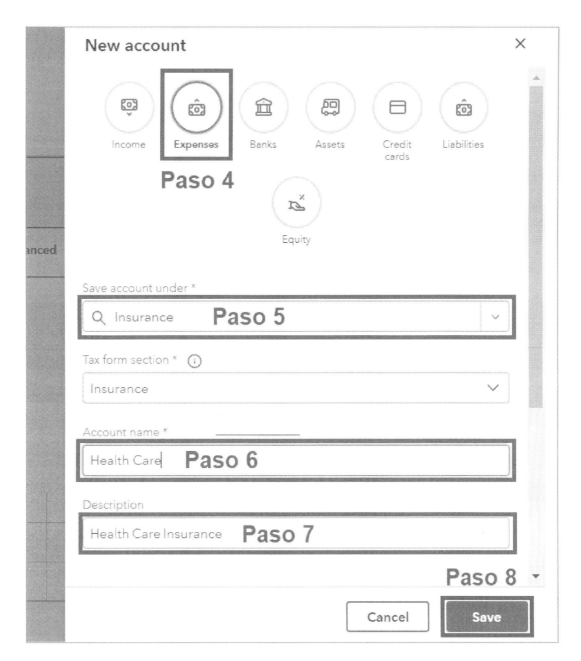

EDITANDO CUENTAS (EDIT ACCOUNT)

Para editar una cuenta simplemente ir al *Plan de Cuentas* (**Chart of Accounts**), buscar la cuenta y proceder a modificarla con el botón *Editar* (**Edit**), mediante los siguientes pasos :

- **Paso 1.** Hacer Click en el *Icono de la Rueda* (**Gear Icon**).

- **Paso 2.** Click en la opción *Plan de Cuentas* (**Chart of Accounts**).

- **Paso 3.** Escribir la palabra principal del nombre de la cuenta en el recuadro *Filtrar por Nombre* (**Filter by Name**).

- **Paso 4.** Ir a la columna *ACCIÓN* (**ACTION**) y seleccionar de la lista desplegable la opción *Editar* (***Edit***).

- **Paso 5.** Se modifican los campos correspondientes y Click el el botón *Guardar* (**Save**), si por alguna razón se quiere cancelar la operación hacer Click en el botón *Cancelar* (**Cancel**).

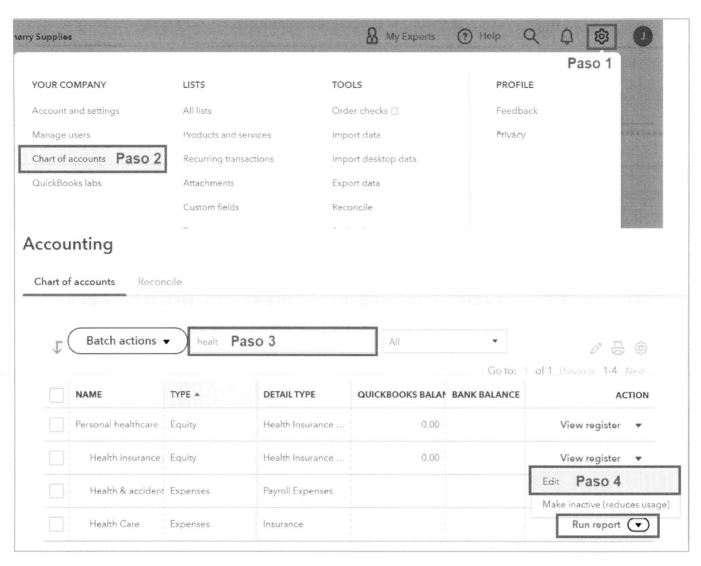

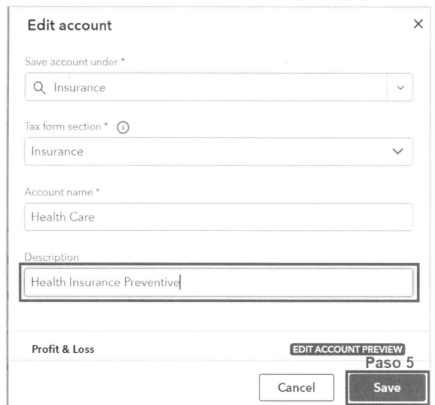

FUSIÓN /COMBINACIÓN DE CUENTAS (MERGING TWO ACCOUNTS).

Si hay dos sub-cuentas para un mismo propósito, puedes fusionar estas cuentas para combinar tus balances dentro de una sola. Para fusionar cuentas, estas deben ser del mismo tipo de cuenta, Llevando a cabo los siguientes :

- **Paso 1.** Hacer Click en el *Icono de la Rueda* (**Gear Icon**).

- **Paso 2.** Click en la opción *Plan de Cuentas* (**Chart of Accounts**).

- **Paso 3.** Tomamos nota o escribimos en algún papel o notepad el nombre exacto de la cuenta que deseamos mantener.

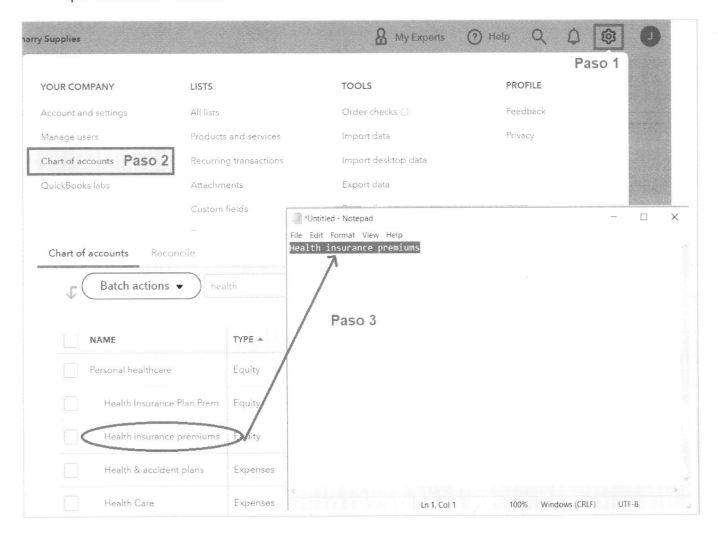

- **Paso 4.** Localizar la cuenta que se va fusionar con la anterior y seleccionar de la lista desplegable la opción *Editar* (**Edit**).

- **Paso 5.** Reemplazar el *Nombre de la Cuenta* (**Account Name**) con el nombre que se tomó nota en el paso 3 y hacer Click en el botón *Guardar* (**Save**).

- **Paso 6.**QuickBooks Online te muestra una caja de diálogo diciéndote que el nombre de cuenta ingresado ya existe y te pregunta si deseas fusionar las cuentas. Haz Click en *Si, Combina las Cuentas* (**Yes, Merge Accounts**) para confirmar que deseas fusionar estas dos cuentas.

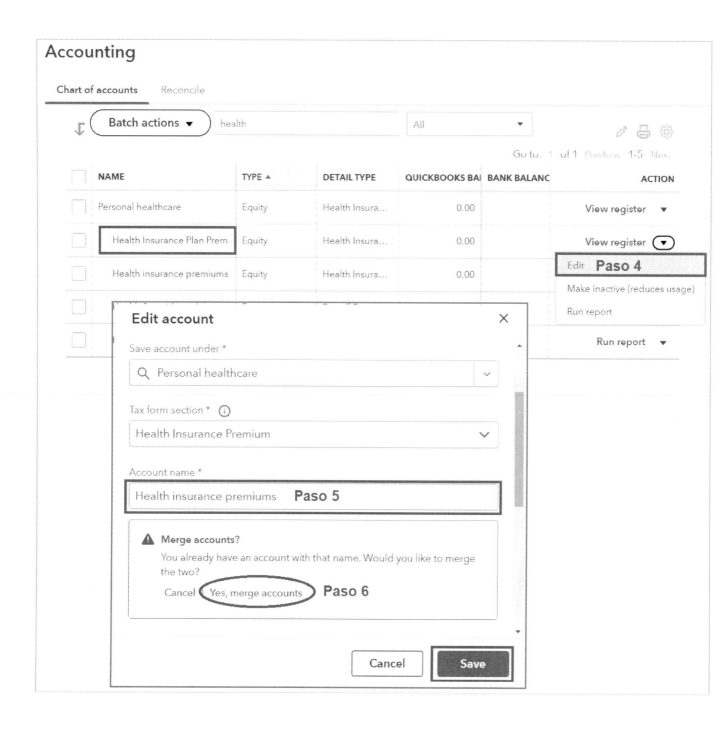

CREAR PRODUCTOS Y SERVICIOS (CREATING PRODUCTS AND SERVICES)

QuickBooks almacena tus productos y servicios como **ítems** y los categoriza en 4 tipos:

➢ *Servicio* (**Service**): Que consiste en horas de labor o en un cargo de instalación de algún trabajo.

➢ *Parte o Producto sin Inventario* (**Non-Inventory part**): Representa un producto que tu vendes pero que no se registra o afecta el inventario, tal como materiales usados en un trabajo.

➢ *Parte o Producto con Inventario* (**Inventory Part**): Representa un producto que tu vendes que afecta tu inventario y tiene un seguimiento de Entradas, Salidas y Existencia (**Stock**).

➢ *Combo o Paquete (**Bundle**)* : El cual es un grupo de productos o servicios que se venden juntos como por ejemplo una canasta de frutas con queso y vino. etc.

Para acceder a la opción principal de productos y servicios seguimos los pasos :

- **Paso 1.** Hacer Click en la opción *Ventas* (**Sales**) de la barra de navegación ubicada en la parte izquierda.

- **Paso 2.** Click en la opción *Productos & Servicios* (**Products and Services**).

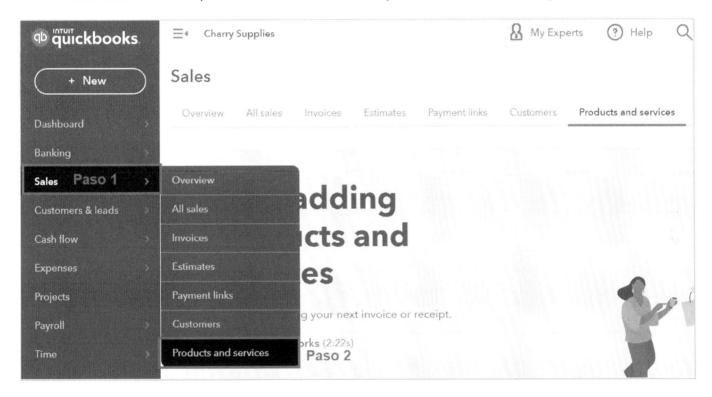

ADICIONANDO UN SERVICIO (SERVICE)

Para adicionar un servicio vamos a la opción de *Productos y Servicios* (**Products & Services**) explicada al comienzo de esta sección y luego procedemos a los siguientes pasos.

- **Paso 1.** Hacer Click el botón *Adicionar Item* (**Add Item**).

- **Paso 2.** Click en la opción *Servicio* (**Service**).

- **Paso 3.** Escribir el *Nombre del Servicio* (**Name**) en el cuadro de texto.

  Nota : *El campo SKU es opcional y es usado para inventario y Categoría (**Category**) para clasificar en detalle los productos y servicios.*

- **Paso 4.** Escribir la *Descripción del Servicio* (**Description**).

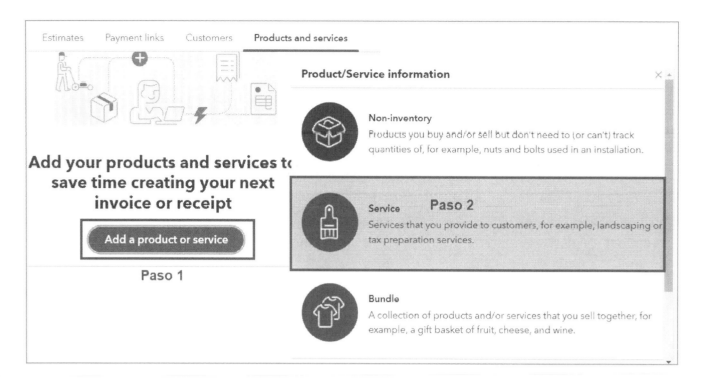

- **Paso 5.** Si el cargo del servicio es por horas, escribir el valor de la hora en el campo Precio/*Tasa* (**Precio/Rate**).

- **Paso 6**. QuickBooks Online nos sugiere como cuenta contable de ingreso la de *Servicios* (**Services**), pero puedes cambiarla a otra *Cuenta de Ingresos* (**Income Account**). Consulta esto con tu contador para que haya una sincronía entre la parte contable y las diferentes fuentes de ingreso de tu negocio.

- **Paso 7.** Click en *Guardar y Cerrar* (**Save and Close**)

ADICIONANDO UN PRODUCTO/ PARTE SIN INVENTARIO (NON-INVENTORY)

Para adicionar un producto el cual no requiere hacer seguimiento de inventario, vamos a la opción de *Productos y Servicios* (**Products & Services**) explicada al comienzo de esta sección y luego procedemos a los siguientes pasos :

- **Paso 1.** Click el botón *Nuevo* (**New**) ubicado en la parte superior derecha de la lista de productos / servicios que aparece luego de haber adicionado varios de estos.

- **Paso 2.** Click en la opción *Producto sin Inventario* (**Non-Inventory**).

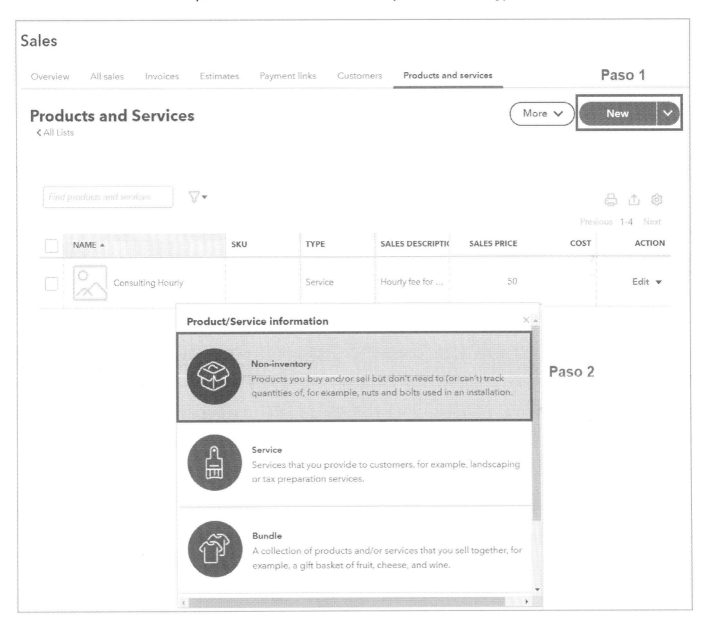

- **Paso 3.** Escribir el *Nombre del Producto* (**Name**).

- **Paso 4.** Escribir el *Número de Parte o Código del producto* (**SKU**).

  *Nota. Si quieres añadir una imagen del producto, hacer Click en el icono del lápiz, localizar la Carpeta (**Folder**) donde la imagen está almacenada.*

- **Paso 5**. Escribir una *Descripción* (**Description**) más detallada para el producto.

- **Paso 6**. Adicionar el precio del producto en el campo o casilla *Precio/Tasa* (**Price/Rate**).

- **Paso 7.** Seleccionar la *Cuenta de Ingresos* (**Income Account**) por ventas más adecuada.

- **Paso 8.** Click en *Guardar y Cerrar* (**Save and Close**).

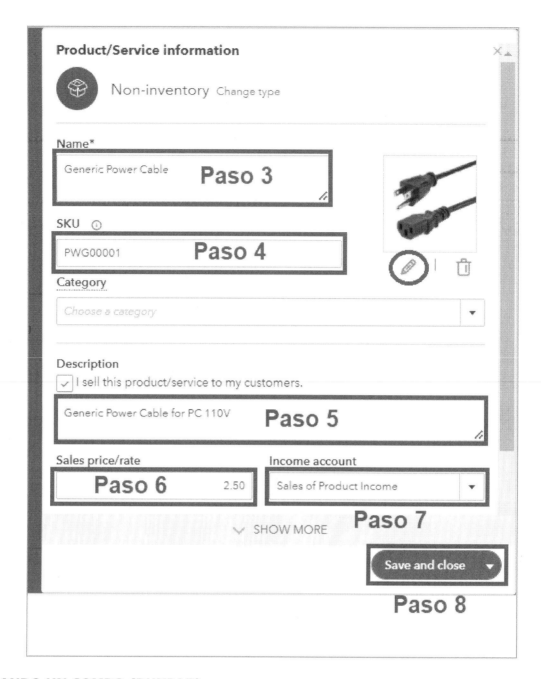

ADICIONANDO UN COMBO (BUNDLE)

Para adicionar un combo es decir un conjunto (**set**) de varios productos, vamos a la opción de *Productos y Servicios* (**Products & Services**) explicada al comienzo de esta sección y luego procedemos a los siguientes pasos :

- **Paso 1.** Click el botón *Nuevo* (**New**) ubicado en la parte superior derecha de la lista de productos / servicios que aparece luego de haber adicionado varios de estos.

- **Paso 2.** Click en la opción *Combo* (**Bundle**).

- **Paso 3.** Escribir el *Nombre del Set de Productos* (**Name**).

- **Paso 4.** Escribir el *Número de Parte o Código del producto* (**SKU**).

   Nota. *Si quieres añadir una imagen del producto, hacer Click en el icono del lápiz y localizar la Carpeta (**Folder**) donde se tiene la imagen almacenada.*

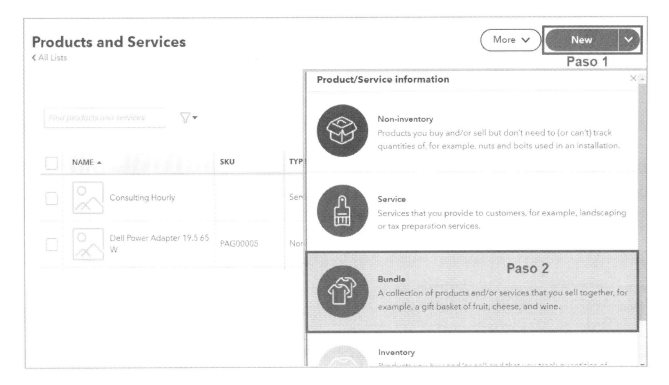

- **Paso 5**. Escribir una Descripción (**Description**) más detallada para el producto.

- **Paso 6.** Si quieres que salgan los componentes del combo por separado en los reportes hacer Click en la casilla o cuadro de verificación *Desplegar los Componentes del Combo* (**Display bundle components**) y adicionar uno por uno cada producto que debe estar previamente registrado en la lista de productos .

- **Paso 7**. Click en *Guardar y Cerrar* (**Save and Close**).

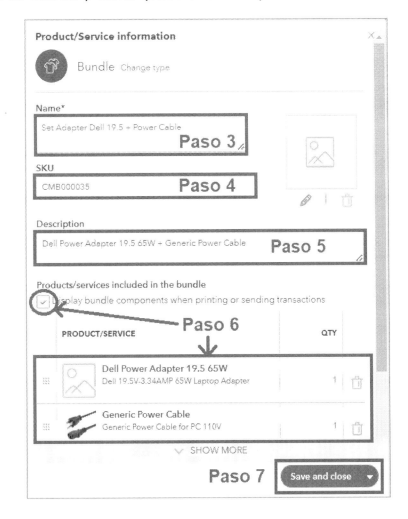

ADICIONANDO UN PRODUCTO O PARTE CON INVENTARIO (INVENTORY PART)

Si requieres que se actualice el inventario automáticamente cada vez que compres y vendas, entonces necesitas habilitar la opción de *Seguimiento de Inventario* (**Inventory Tracking**). Vamos a la opción de *Productos y Servicios* (**Products & Services**) explicada al comienzo de esta sección y luego procedemos a los siguientes pasos.

- **Paso 1.** Click el botón *Nuevo* (**New**) ubicado en la parte superior derecha de la lista de productos / servicios que aparece luego de haber adicionado varios de estos.

- **Paso 2.** Click en el Botón *Habilitar Seguimiento de Inventario* (**Turn ON Inventory Tracking**). Ubicado en la sección *Inventario* (**Inventory**).

- **Paso 3.** Sale un cuadro de diálogo para habilitar la opción de inventario, que usará el método denominado FIFO para establecer el costo del inventario. Hacer Click en el botón *Habilitar* (**Turn on**).

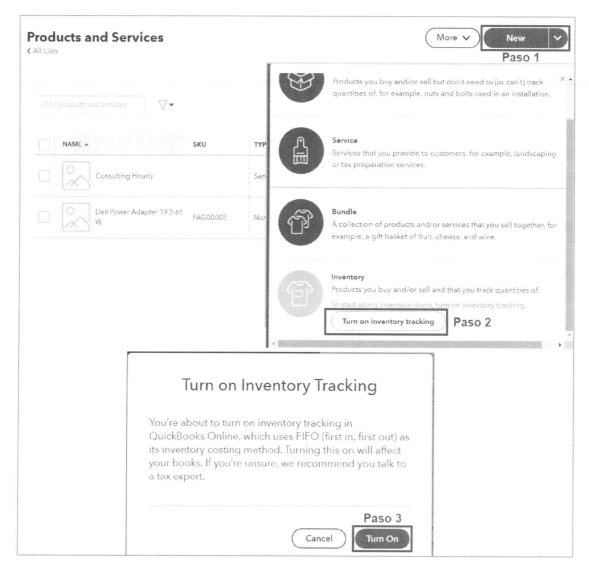

- **Paso 4.** Escribir el *Nombre del Producto* (**Name**).

- **Paso 5.** Escribir el *Número de Parte o Código del producto* (**SKU**).

  *Nota. Si quieres añadir una imagen del producto, haz Click en el icono del lápiz y localiza la Carpeta (**Folder**) donde la imagen está almacenada.*

- **Paso 6.** Adicionar la *Cantidad Inicial a la Mano* (**Initial Qty on Hand**) y la fecha en la cual inicia este inventario (**As of Date**).

*Nota. Si requieres empezar con un inventario rápido puedes llenar este campo, pero más adelante se explicara como adicionar productos al inventario mediante una compra (**purchases**). Para efectos prácticos no llenamos la casilla de Punto de Reorden (**Reorder Point**).*

- **Paso 7.** En forma predeterminada se selecciona la *Cuenta de Inventario de Activos* (**Inventory asset Account**).

- **Paso 8**. Escribir una Descripción (**Description**) más detallada para el producto.

- **Paso 9**. Adicionar el precio del producto en el campo o casilla *Precio/Tasa* (**Price/Rate**).

- **Paso 10.** Dejar como *Cuenta de Ingresos* (**Income Account**) predeterminada a *Ingreso por Venta de Producto* (**Sales of Product Income**).

- **Paso 11.** Si quieres puedes registrar alguna *Información básica de Compra* (**Purchasing Information**), como : *Descripción de la Compra* (**Purchase Description**), el *Costo del Producto* (**Cost**), *Proveedor Preferido* (**Preferred Vendor**).

- **Paso 12.** Click en *Guardar y Cerrar* (**Save and Close**).

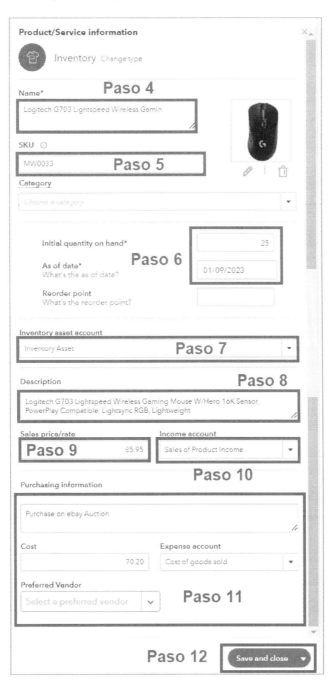

CREACIÓN Y MANEJO DE CLIENTES
(CREATING AND MAINTAINING CUSTOMERS)

CREANDO UN NUEVO CLIENTE (NEW CUSTOMER)

Inicialmente cuando creas tu primer cliente te aparece una ventana para adicionar o importar clientes que tengas en una hoja excel o un archivo plano csv. Luego a medida que adicionas clientes te despliega es una lista de los clientes creados. Para la creación de *Clientes* (**Customers**) sigue los pasos:

- **Paso 1.** Hacer Click en la opción *Ventas* (**Sales**) de la barra de navegación ubicada en la parte izquierda.

- **Paso 2.** Click en la opción *Clientes* (**Customers**).

- **Paso 3.** Hacer Click en el botón *Cliente Nuevo* (**New Custome**r).

  Nota. *Si no hay ningún cliente creado te parece una ventana de información y ayuda para crear clientes, hacer Click en el botón Adicionar Cliente (**Add Customer**).*

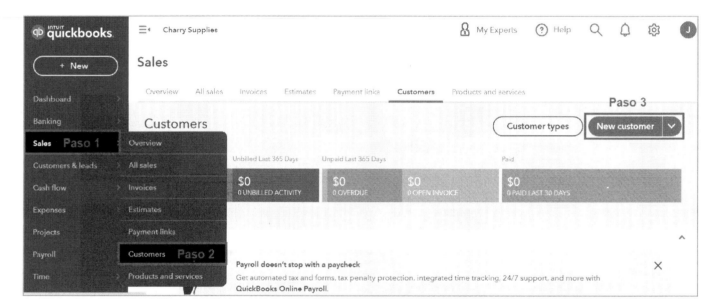

El cuadro de diálogo de *Cliente* (**Customer Information**) contiene varias secciones que describiremos en los siguientes pasos :

- **Paso 4.** La primera sección es *Nombre y Contacto* (**Name & Contact**). Si tu cliente es una persona, puedes llenar el *Título* (**Title**), *Nombre* (**First Name**), *Segundo Nombre* (**Middle Name**) y *Apellido* (**Last Name**) y dejar en blanco el nombre de la compañía o empresa (**Company Name**). En caso contrario si tu cliente es una empresa le das prioridad al campo (**Company Name**) y en los campos (**First & Last name**) puedes poner el nombre y apellido del dueño o del gerente principal.

  En la casilla de *Nombre a Desplegar* (**Display Name**) se establece el nombre que se mostrará en la facturas y reportes, si el cliente quiere mostrar otro nombre se puede cambiar, pasa igual en la casilla de *Nombre para Imprimir en los Cheques* (**Customer Display Name**). Luego escribimos la información del *Correo Electrónico* (**email**), *Teléfono* (**Phone**), *Celular* (**Mobile**), *Número de Fax* (**Fax**), el *Sitio Web* (**Website**).

  Tienes la opción de crear *Clientes Secundarios* (**Sub-Customer**) bajo tus clientes de nivel superior o principales. Esto es útil si desea realizar un seguimiento de los clientes individuales que también forman parte de un grupo o una organización grande.

- **Paso 5.** En la segunda sección *Dirección* (**Address**) escribir la dirección donde llegaran las facturas o correspondencia enviada al cliente (**Billing Address**). Si el cliente usa la misma dirección para recibir los productos se marca en el cuadro de verificación la *Misma dirección que la de Facturación* (**Same as Billing Address**).

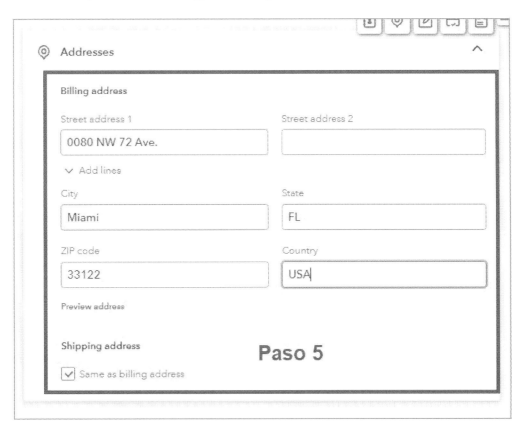

- **Paso 6.** En esta sección *Notas y Adjuntos* (**Notes and Attachments**), puedes escribir aspectos que caracterizan al cliente y subir documentos de registro de la empresa, certificado de exención de impuestos a la venta, etc. (**Sales Tax Exempt Certificate**).

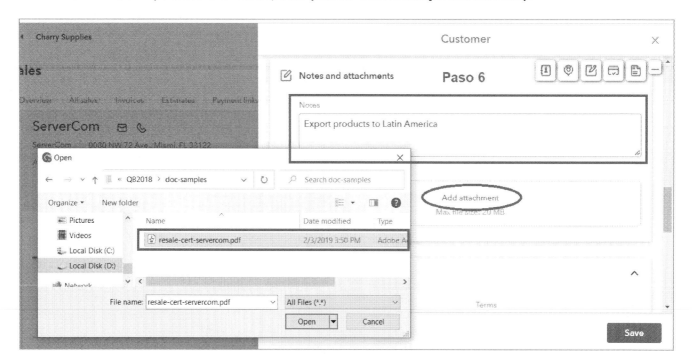

- **Paso 7.** En esta sección llamada *Pagos* (**Payments**), podemos escribir el *Principal Método de Pago* (**Primary Payment Method**) ya sea efectivo, tarjeta de crédito o cheque. Escribir los *Términos* (**Terms**) que se usa para poner los días de plazo para pagar las facturas hechas, puedes escoger entre varios como: a 15 días (**Net 15**), a 30 días (**Net 30**), a 60 días (**Net 60**). Si se deja en blanco entonces cada vez que se emita una factura esta debe ser pagada cuando sea recibida por el cliente. También puedes definir la *Forma de envío de la Factura* (**Sales Form Delivery Options**) y el *Idioma a Usar* en ellas (**Language to Use**).

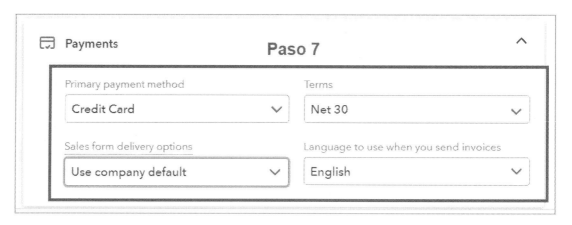

- **Paso 8.** En esta última sección de *Información Adicional* (**Additional Info**), la información que registras aquí puede ser esencial o conveniente. El llenado previo de los campos con la información hace que el trabajo sea mucho más rápido, en otras secciones más adelante, cuando llenas las ventanas de transacción. Usa el campo de Tipo de Cliente (**Customer Type**) para clasificar los clientes por un tipo o clase de cliente que tu encuentres importante como por ejemplo, puedes querer tener tipos de clientes de *Ventas al por Mayor* (**Wholesale**) o los clientes de *Ventas al Detal* (**Retail**) o por referidos, etc.

  En el campo *Detalles de Excepción* (**Exception Details**) se refiere un número de certificado o nota respecto a la excepción de impuesto a la venta. QuickBooks Online habilita el campo *Balance / Saldo de Apertura* (**Opening Balance**), junto con la fecha que aplica para este balance, por defecto es mostrada la fecha actual. El campo está diseñado para mantener la cantidad de dinero que actualmente te debe este cliente.

- **Paso 9.** Click en *Guardar* (**Save**).

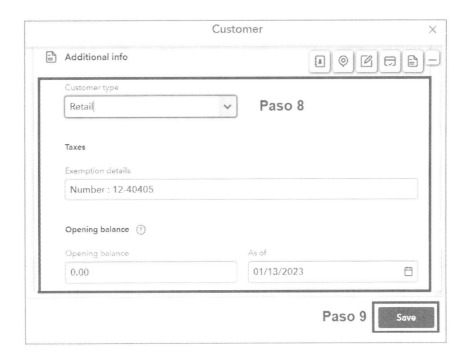

EDICIÓN DEL REGISTRO DE CLIENTES (EDIT CUSTOMERS)

Puedes hacer cambios a la información de un registro de clientes fácilmente, Siguiendo los pasos :

- **Paso 1.** Hacer Click en la opción *Ventas* (**Sales**) de la barra de navegación ubicada en la parte izquierda.

- **Paso 2.** Click en la opción *Clientes* (**Customers**).

  Nota : Aquí puedes ver la lista de todos los clientes creados, si la lista es muy grande entonces puedes buscar usando cuadro de texto de búsqueda que está justo al comienzo de la lista, escribe las primeras letras del nombre y Click en el icono de la lupa para mostrar uno o más clientes que coinciden con lo que escribiste.

- **Paso 3.** Click sobre el cliente seleccionado.

- **Paso 4.** Click en el botón *Editar* (**Edit**).

- **Paso 5.** Haz los cambios necesarios y Click en el botón *Guardar* (**Save**) .

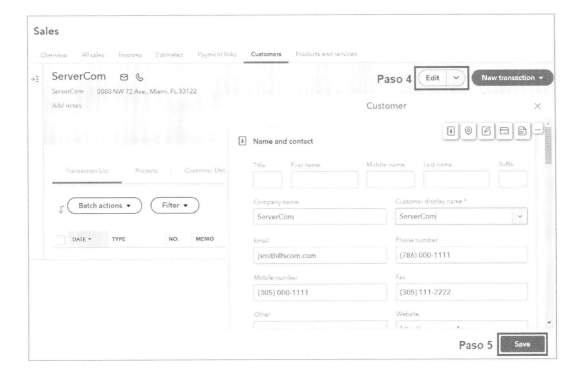

INACTIVANDO CLIENTES (MAKE INACTIVE A CUSTOMER)

En QuickBooks Online no se pueden borrar los registros del cliente, dado que si tiene diversas transacciones crearía inconsistencia en la información, en su lugar lo podemos inactivar para esto seguimos los pasos :

- **Paso 1.** Hacer Click en la opción *Ventas* (**Sales**) de la barra de navegación ubicada en la parte izquierda.

- **Paso 2.** Click en la opción *Clientes* (**Customers**).

  Nota : *Aquí puedes ver la lista de todos los clientes creados, si la lista es muy grande entonces puedes buscar usando cuadro de texto de búsqueda que está justo al comienzo de la lista, escribe las primeras letras del nombre y Click en el icono de la lupa para mostrar uno o más clientes que coinciden con lo que escribiste.*

- **Paso 3.** Click sobre el cliente seleccionado.

- **Paso 4.** Click en la lista desplegable a la derecha del botón *Editar* (**Edit**) y Click en la opción *Hacerlo Inactivo* (**Make Inactive**).

- **Paso 5.** Aparece un cuadro de diálogo preguntando : *Está seguro que desea Inactivarlo* ? (**Are you sure you want to make XYZ Inc. inactive?**). Luego hacer Click en el botón *Sí Hazlo Inactivo* (**Yes, Make Inactive**). Observamos que ya no aparece en la lista de Clientes.

Para activar nuevamente un cliente vamos al icono de la *Rueda Dentada* (**Gear Icon**) de la lista de clientes, marcamos la caja de verificación *Incluir Inactivos* (**Include Inactive**).

Esto hará que aparezcan de nuevo los clientes inactivos, vamos a la columna Acción (**Action**), del cliente que que queremos activar y hacer Click en la opción *Hacer Activo* (**Make Active**)

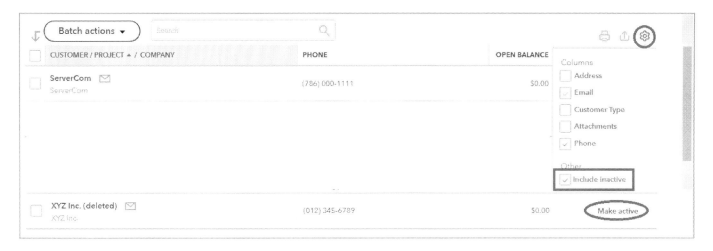

CREACIÓN DE FACTURAS ESTÁNDAR (CREATE INVOICES)

CONFIGURAR EL IMPUESTO A LAS VENTAS (SALES TAX SET UP)

Antes de hacer una *Factura* (**Invoice**), es necesario hablar sobre el porcentaje del *Impuesto a las Ventas* (**Sales Tax**), vamos primero a configurarlo y luego a determinar cuando un cliente se le aplica o no.

- **Paso 1.** Hacer Click en la opción *Impuestos* (**Taxes**) de la barra de navegación ubicada en la parte izquierda.

- **Paso 2.** Click en la opción Impuesto a las *Ventas* (**Sales Tax**).

- **Paso 3.** Basado en la dirección de nuestra empresa QuickBooks Online configura el porcentaje del estado al que pertenece (Valido solo para USA). Click en el botón *Use el Impuesto a las Ventas Automático* (**Use Automatic Sales Tax**).

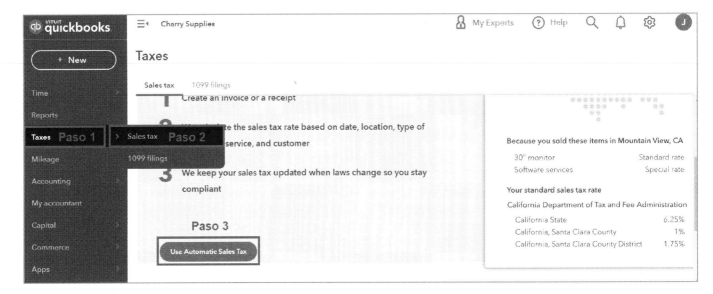

- **Paso 4.** Click en el Icono del Lápiz. Para verificar o cambiar si la dirección tiene el estado correcto.

- **Paso 5.** Click en el botón *Siguiente* (**Next**).

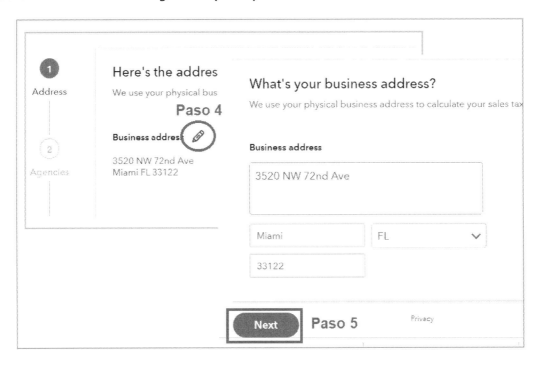

- **Paso 6**. Aparece un cuadro de diálogo preguntando si nuestra empresa aplica el impuesto a las ventas de otros estados, esto ocurre si tenemos *Sedes* (**Branches**) en otros estados del país y manejamos toda la información en una sola cuenta de QuickBooks Online. En nuestro caso escogemos **No**.

- **Paso 7.** Click en el botón *Siguiente* (**Next**). Inmediatamente después muestra un mensaje que el proceso automático de impuesto a las ventas ha sido configurado y procedemos a cerrar la ventana.

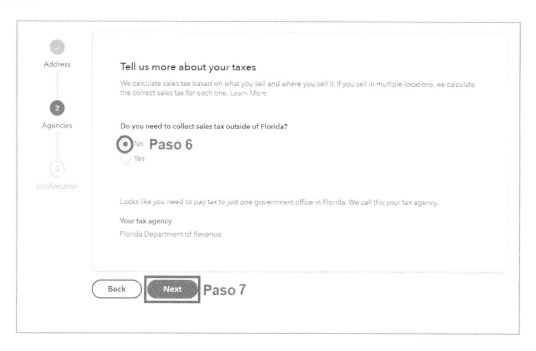

- **Paso 8**. Ahora nos muestra otro cuadro de diálogo preguntándonos por la frecuencia como reportamos el impuesto a las ventas al Departamento de Rentas Internas (**IRS**). Seleccionar *Trimestralmente* (**Quarterly**), si tienes dudas habla con tu contador.

- **Paso 9**. Click en *Guardar* (**Save**).

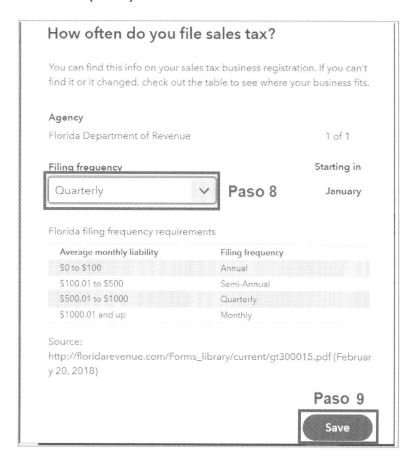

CONFIGURANDO CLIENTES EXENTOS DE IMPUESTO A LAS VENTAS (SET UP YOUR TAX-EXEMPT CUSTOMERS)

Una vez se ha establecido el impuesto a las ventas, necesitamos habilitar algunos clientes que son *Revendedores* (**Resellers**), para no cargarles este impuesto en las facturas. Estos clientes deben presentar su *Certificado de Exención de Impuestos a la Venta* (**Sales Tax Exempt Certificate**) vigente, el cual se renueva cada año.

- **Paso 1.** Hacer Click en la opción *Ventas* (*Sales*) de la barra de navegación ubicada en la parte izquierda.

- **Paso 2.** Click en la opción *Clientes* (**Customers**).

  Nota : *Aquí puedes ver la lista de todos los clientes creados, si la lista es muy grande entonces puedes buscar usando cuadro te texto de búsqueda que está justo al comienzo de la lista, escribe las primeras letras del nombre y Click en el icono de la lupa para mostrar uno o más clientes que coinciden con lo que escribiste.*

- **Paso 3.** Click sobre el cliente seleccionado.

- **Paso 4.** Click en el botón *Editar* (**Edit**).

- **Paso 5.** Ir a la sección *Información Adicional* (**Additional Info**), y Click en el cuadro de verificación *Este Cliente es Exento de taxes* (**This Customer is Tax Exempt**).

- **Paso 6.** Seleccionar de la lista desplegable la *Razón por la cual está Exento* (**Reason for Exception**).

- **Paso 7**. Click en el botón *Guardar* (**Save**).

OPCIONES PARA CREAR UNA FACTURA (CREATE INVOICE OPTIONS)

QuickBooks Online te ofrece varias maneras de abrir la ventana *Crear Facturas* (**Create Invoices**). Una forma directa es ir al menú de navegación y Click en *Nuevo* (**New**) > *Factura* (**Invoice**). Otra manera es ir a la lista de clientes a través de la barra de navegación en la opción *Ventas* (**Sales**) > *Clientes* (**Customers**), Buscar el cliente hacer Click sobre él, e ir a *Nueva Transacción* (**New Transaction**) > *Factura* (**Invoice**).

> **Opción 1.**

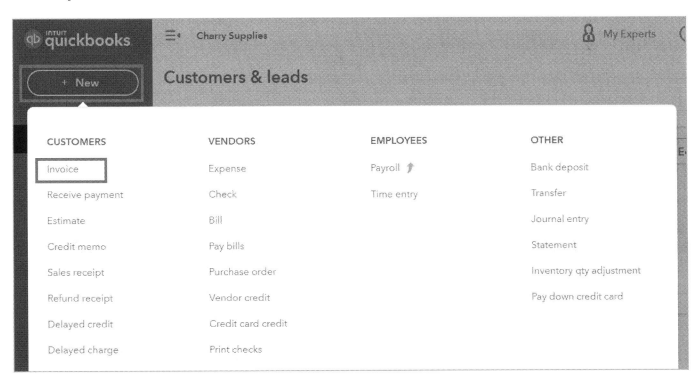

➤ **Opción 2.**

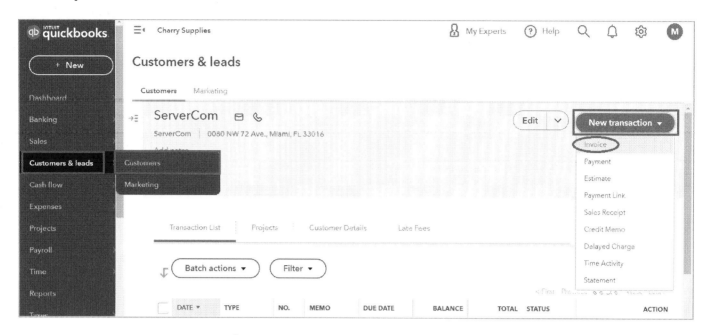

INGRESANDO LA INFORMACIÓN DEL ENCABEZADO (INVOICE HEADER)

En nuestro caso hemos usado la opción directa sin previamente haber seleccionado un cliente.

- **Paso 1.** Hacer Click en la lista desplegable de *Adicionar / Seleccionar Cliente* (**Add Customer**), y escoger un cliente activo, si no está en la lista podemos crearlo y seguir los pasos vistos anteriormente en el capítulo de creación y manejo de clientes.

- **Paso 2.** En forma automática QuickBooks Online trae cierta información del cliente configurada cuando fue creado, como la Dirección de Envío de la Factura (**Bill To**), el *Número de la Factura* (**Invoice No.**), las *Condiciones de Pago* (**Terms**), *Fecha de la Factura* (**Invoice Date**), *Fecha de Vencimiento* (**Due Date**).

   Esto se puede modificar dado el caso que se requiera, directamente sobre los campos que permitan o haciendo Click en la opción *Editar Cliente* (**Edit Customer**)

INGRESANDO LAS LÍNEAS DE PRODUCTOS O SERVICIOS (PRODUCT OR SERVICE ITEMS).

- **Paso 1.** Para introducir los ítems en la factura, haz Click en la lista desplegable de *Productos o Servicios* (**Products or Services**) y selecciona uno de estos. QuickBooks Online llena automáticamente la descripción del producto y el precio utilizando la información proporcionada al crearlo.

- **Paso 2.** Introduce la *Cantidad* (**Amount**) del primer artículo que estás vendiendo. QuickBooks Online realiza los cálculos, mostrando el precio total del valor unitario del producto por el número de productos o cantidad.

  Si quieres borrar la línea haz Click en el Icono de la Papelera. Para insertar otro producto salta con el mouse a la siguiente línea en blanco o haz Click en la opción *Adicionar Producto o Servicio* (**Add Product or Service**).

  Puedes añadir tantas filas como productos deban ir en la factura. Si te quedas sin espacio, QuickBooks Online agrega automáticamente páginas a tu factura.

INGRESANDO O APLICANDO DESCUENTOS (APPLYING DISCOUNTS TO AN INVOICE)

Para aplicar un descuento sobre el total de la factura, debemos primero habilitar la opción de descuentos, siguiendo los pasos :

- **Paso 1.** Hacer Click en el *Icono de la Rueda* (**Gear Icon**).

- **Paso 2.** Click en la opción *Cuentas y Configuración* (**Account and Settings**).

- **Paso 3.** Click en la opción *Ventas* (**Sales**).

- **Paso 4.** Hacer Click en el icono del lápiz, en la sección Formato de *Ventas* (**Sales Form Content**).

- **Paso 5.** Habilitar el botón de *Descuento* (**Discount**).

- **Paso 6.** Click en el botón *Guardar* (**Save**).

  Nota : *En los totales de la factura ya observamos el campo Descuento (**Discount**), el cual viene predeterminado en forma de porcentaje.*

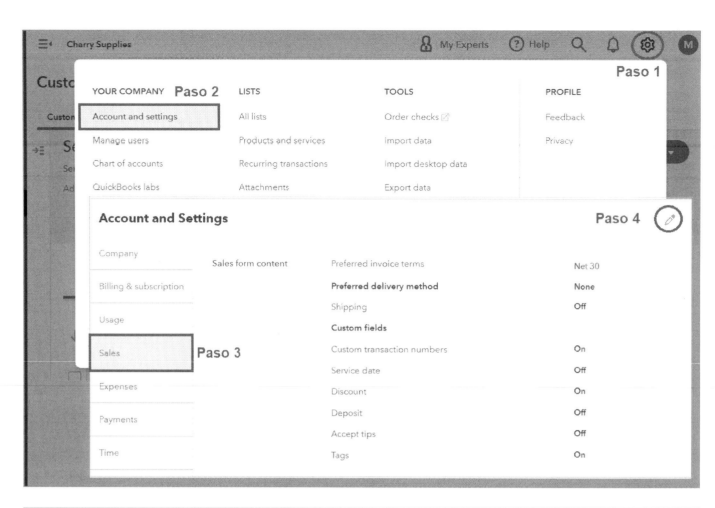

NOTAS FINALES DE LA FACTURA

En la parte final podemos agregar algunas notas para el cliente respecto a la garantía o descripciones de pago para métodos de pago, etc.

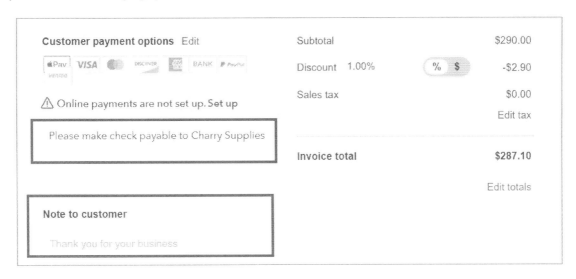

REVISAR Y ENVIAR LA FACTURA (REVIEW AND SEND INVOICE)

En la parte inferior de la plantilla de la factura se presenta el botón *Revisar y Enviar* (**Review and Send**) el cual nos muestra una lista previa de la factura y nos da la posibilidad de enviarla por *Correo Electrónico* (**Email**).

- **Paso 1.** Hacer Click en el botón *Revisar y Enviar* (**Review and Send**) ubicado en la parte inferior derecha.

- **Paso 2.** Modificar si es requerido los campos del *Correo Electrónico*(**Email**), como *Destinatario* (**to**), *Asunto* (**Subject**) o *Mensaje incluido* (**Body**), entre otros.

- **Paso 3.** Click en el botón *Enviar Factura* (**Send Invoice**). Luego mostrará un mensaje que el Correo fue enviado al *Cliente Exitosamente* (**Email was Sent to Client Successfully**)

  Nota : Al lado del botón *Revisar y Enviar* (**Review and Send**), hay una lista desplegable que te permite imprimir (**Print**), Descargarla en PDF (**Download**) o Recibir el pago (**Receive Payment**), esto lo veremos más adelante en detalle.

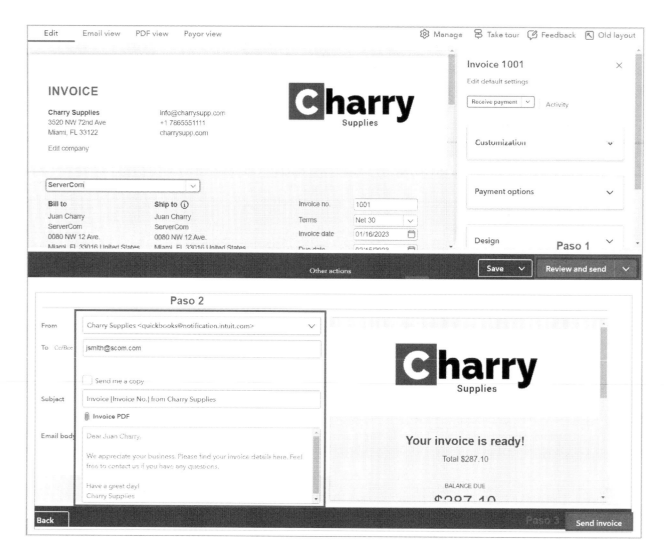

GUARDANDO LA FACTURA (SAVING THE INVOICE)

Haciendo Click sobre el botón *Guardar* (**Save**), mantenemos los cambios hechos, también podemos Escoger de la lista desplegable *Guardar & Nueva* (**Save & New**) para guardar e ir a la siguiente forma de factura en blanco o seleccionar Guardar & Cerrar (**Save & Close**) para guardar y cerrar la ventana de crear Facturas.

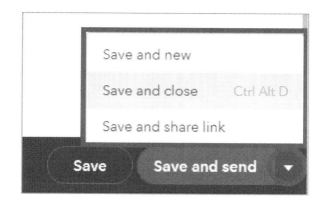

MODIFICANDO UNA FACTURA INGRESADA PREVIAMENTE

Para corregir una factura creada anteriormente, hay que localizarla y cargarla en la pantalla. Si no sabes el nombre del cliente puedes acceder a todas las facturas creadas y filtrarlas por *Fecha* (**Date**) o por estado como *No Pagada* (**Unpaid**), *Vencida* (**Overdue**), etc. hacer los siguientes pasos :

* **Paso 1.** Hacer Click en la opción *Ventas* (**Sales**) de la barra de navegación.

* **Paso 2.** Click en *Facturas* (**Invoices**).

* **Paso 3.** Localizar la factura manualmente o usando los filtros por *Fecha* (**Date**) o *Estado* (**Status**), y hacer Click en la opción *Ver/Editar* (**View/Edit**) de la lista desplegable *ACCIÓN* (**ACTION**) ubicada en la última columna.

* **Paso 4.** Hacer los cambios necesarios y Click en el botón *Guardar* (**Save**) y cerrar la ventana.

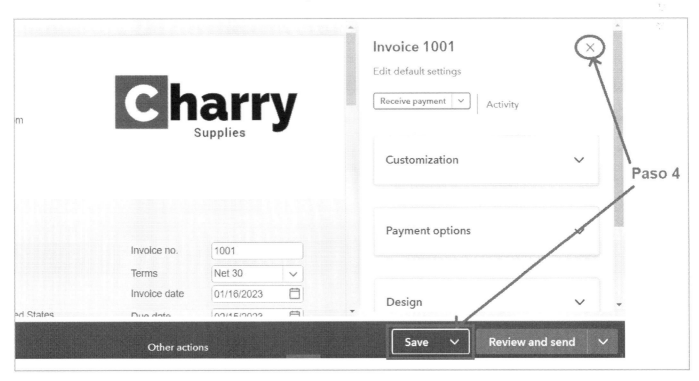

De otra manera si quieres editar una factura de un cliente determinado, la mecánica sería buscar el cliente y luego las facturas asociadas a él, usando los siguientes pasos :

- **Paso 1.** Hacer Click en la opción Ventas (**Sales**) de la barra de navegación ubicada en la parte izquierda.

- **Paso 2.** Click en la opción Clientes (**Customers**).

  Nota : *Aquí puedes ver la lista de todos los clientes creados, si la lista es muy grande entonces puedes buscar usando el cuadro te texto de búsqueda que está justo al comienzo de la lista, escribe las primeras letras del nombre y Click en el icono de la lupa para mostrar uno o más clientes que coinciden con lo que escribiste.*

- **Paso 3.** Click sobre el cliente seleccionado.

- **Paso 4.** Una vez que estás dentro de la información del cliente, en la parte inferior puedes ver la lista de transacciones que tiene. Localizas la factura y haces Click sobre cualquier columna para mostrarla. Ejecutas los pasos 1-3 de la primera parte de este capítulo.

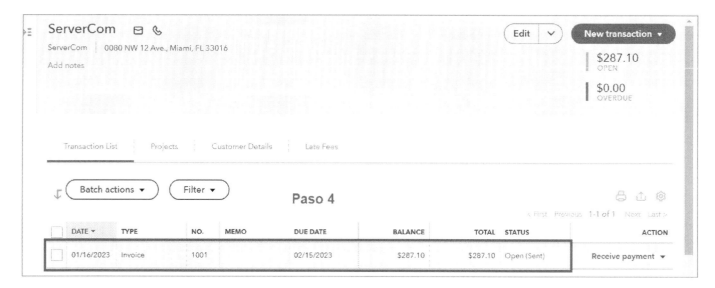

ANULANDO Y BORRANDO FACTURAS (VOID AND DELETE INVOICES)

Hay una diferencia grande entre anular y borrar una factura. Anular una factura hace la factura inexistente a su contabilidad y a los saldos del cliente. Sin embargo el número de factura sigue existiendo (esto ha marcado el "Anulado"). Después de todo, los números de factura ausentes son tan frustrantes como perder los números de control.

El borrado de una factura, por otra parte, quita todos los rastros de esta en tus registros de transacciones e informes. Los contadores te dirán que siempre es mejor dejar el rastro de un error en lugar de borrar un error del todo, los auditores sabrán que tu cometiste y corregiste el error de forma honesta. Para anular o borrar una factura realiza los siguientes pasos:

- **Paso 1.** Hacer Click en la opción *Ventas* (**Sales**) de la barra de navegación.

- **Paso 2.** Click en *Facturas* (**Invoices**).

- **Paso 3.** Localizar la factura manualmente o usando los filtros por *Fecha* (**Date**) o *Estado* (**Status**). Hacer Click o doble Click sobre cualquier columna.

- **Paso 4.** Click en la lista desplegable *Más Opciones* (**More Options**) y escoger Anular (**Void**).

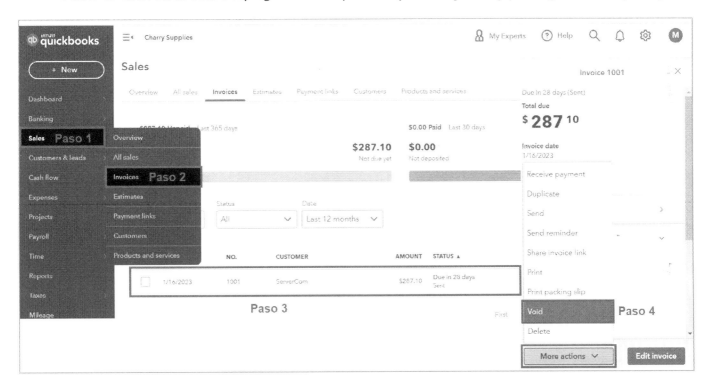

- **Paso 5.** Recibirás un mensaje de *:Estás seguro que deseas anular esto* ? (**Are you sure you want Void this ?**). Click en *Si* (**Yes**) para proceder con la anulación.

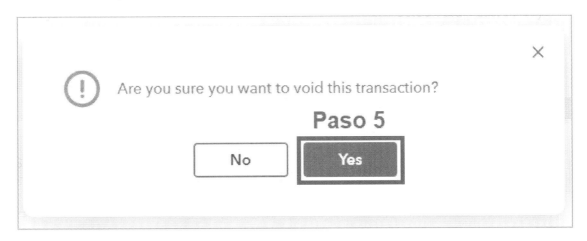

IMPRIMIENDO FACTURAS (PRINT INVOICES)

Tú puedes imprimir una o un conjunto de facturas, de igual manera sirve para enviar múltiples facturas vía *Correo Electrónico* (**email**). Recuerda tener ya configurada una *Impresora* (**Printer**) en tu PC, Laptop, Tablet o Mobile.

- **Paso 1.** Hacer Click en la opción *Ventas* (**Sales**) de la barra de navegación.

- **Paso 2.** Click en *Facturas* (**Invoices**).

- **Paso 3.** Seleccionar las facturas que quieres Imprimir (**Print**) haciendo Click sobre el cuadro de verificación.

- **Paso 4.** Click sobre la lista desplegable *Acciones en Lote* (**Batch Actions**) localizada en la primera columna y escoger la opción *Imprimir* (**Print**).

  Nota : *QuickBooks convierte primero tu impresión en un archivo en PDF el cual puede ser visualizado en tu navegador como Chrome, Edge, Brave, Safari etc. y desde aquí localizas el botón Imprimir y seleccionas la impresora que tengas previamente configurada.*

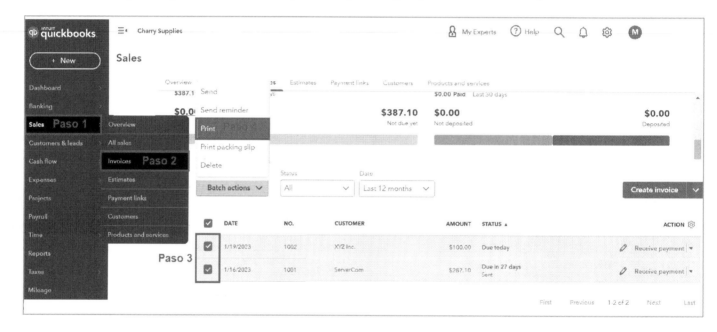

CAMBIAR DISEÑO DE FACTURAS (MODIFY INVOICE DESIGN)

QuickBooks Online tiene una serie de opciones y configuraciones que te permiten desde cambiar el estilo de la factura, agregar o quitar campos hasta hacer tu propio diseño.

ACTIVAR LA OPCIÓN DE ESTILOS PERSONALIZADOS PARA FORMATOS (CUSTOM FORM STYLES)

La nueva versión de QuickBooks Online mantiene oculta la opción de Estilos Personalizados (**Custom form Styles**), si no estás de acuerdo con el diseño moderno actual y deseas hacer cambios drásticos a el estilo de tus facturas, puedes seguir los estos pasos para activar a la versión the *Diseno Anterior* (**Old Layout**).

- **Paso 1.** Cargar una factura cualquiera, esto lo puedes ver en la sección dedicada a editar facturas.

- **Paso 2.** Click en la opción *Diseño Anterior* (**Old Layout**).

- **Paso 3**. Hacer Click en el botón *Cambiar Diseño* (**Switch Layout**). De esta forma podemos ver la opción *Personalización de Estilos de Formatos* (**Custom Form Style**), la cual es accedida mediante el icono de la *Rueda Dentada* (**Gear Icon**) de la pantalla principal de QuickBooks.

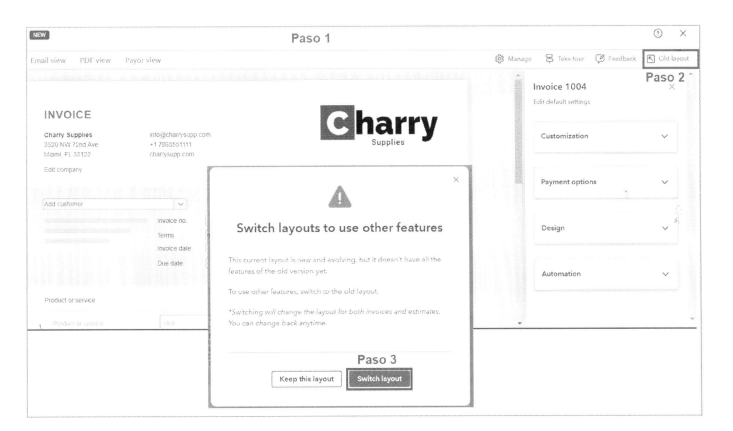

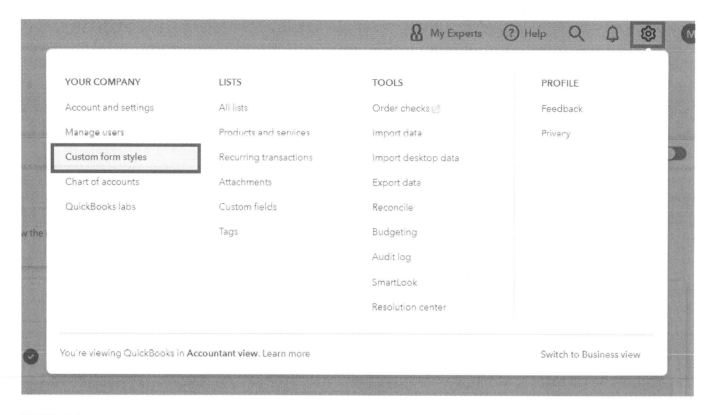

ESTILOS PERSONALIZADOS (CUSTOM FORM STYLES)

Para personalizar la apariencia de nuestros formatos vamos a la opción descrita anteriormente *Configuración* (**Gear Icon**) > *Personalización de Estilos de Formatos* (**Custom Form Style**) y seguimos estos pasos :

- **Paso 1.** Seleccionar el formato en nuestro caso es el estándar y hacer Click en el botón *Editar* (**Edit**).

- **Paso 2.** Click en la opción *Cambiar la plantilla* (**Change Up the template**).

- **Paso 3.** Seleccionar el template que queremos el cual puede ser entre otros *Moderno* (**Modern**), Fresco (**Fresh**), *Amigable* (**Friendly**), etc. y hacer Click sobre él.

- **Paso 4**. Si necesitas cambiar de color en los recuadros sombreados hacer Click sobre *Intentar otro Color* (**Try other Colors**).

- **Paso 5.** Si quieres cambiar el formato de la letra haz Click en *Seleccionar diferente Fuente* (**Select a Different Font**). Para ajustar los márgenes de impresión haz Click en *Editar Configuración de Impresión* (**Edit Print Settings**).

- **Paso 6.** Click en el botón *Hecho* (**Done**) para guardar los cambios.

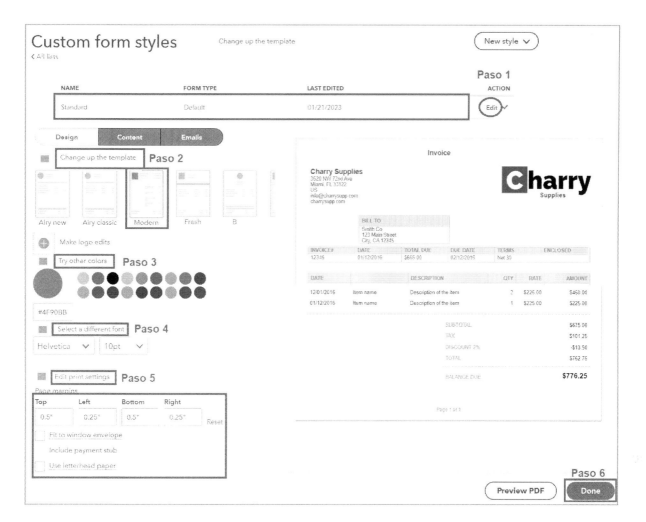

Otra opción es el cambio de contenido donde podemos visualizar o escoger campos además modificar alguna información básica agregar.

- **Paso 1.** Click en la pestaña (**Tab**) de *Contenido* (**Content**).

- **Paso 2.** La factura está compuesta de 3 secciones, en cada una encontramos un icono de Lápiz, hacemos Click sobre él y hacemos los cambios correspondientes.

DESACTIVAR LOS ESTILOS PERSONALIZADOS

Para desactivar los estilos personalizados y usar el formato nuevo de esta versión seguimos los pasos :

- **Paso 1.** Hacer Click en la opción *Ventas* (**Sales**) de la barra de navegación.

- **Paso 2.** Click en *Facturas* (**Invoices**).

- **Paso 3**. Localizar una factura cualquiera y hacer Click en la opción *Ver/Editar* (**View/Edit**) de la lista desplegable *ACCIÓN* (**ACTION**) ubicada en la última columna.

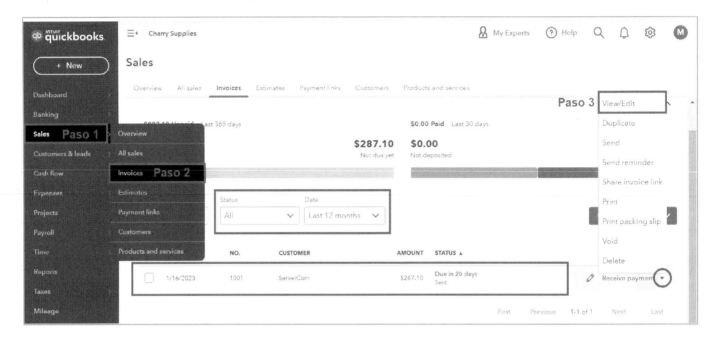

- **Paso 4.** Click en la opción *Intentar las Nuevas Facturas* (**Try the New Invoices**).

- **Paso 5.** Nos mostrará un mensaje de dejar de usar estos estilos e intentar el estilo nuevo y estándar de esta versión, Haz Click en Intentar *Nuevo Estilo de Factura* (**Try New Invoice**)

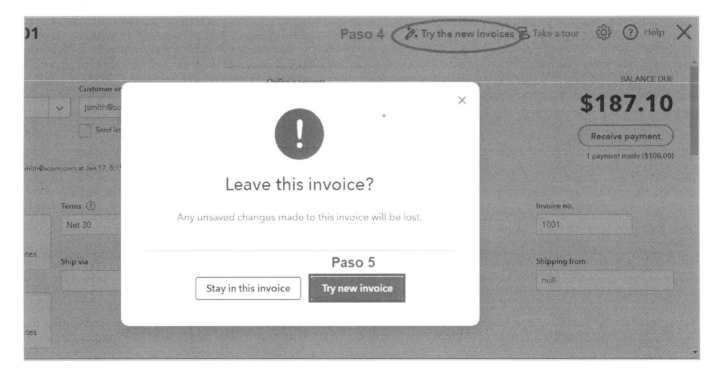

RECIBIR PAGOS DE FACTURAS (RECEIVE PAYMENTS)

Cuando recibas los pagos de los clientes, utiliza la opción de *Recibir Pagos* (**Receive Payment**) que una vez selecciones el cliente te mostrará las *Facturas* (**Invoices**) y *Saldo*s (**Balance**) pendientes. Los siguientes pasos te muestran cómo aplicar un pago cuando un cheque es recibido de un cliente específico.

- **Paso 1.** Ir a la barra de navegación y hacer Click en el botón *Nuevo* (**New**) ubicado en la parte superior de la barra.

- **Paso 2.** Click en la opción *Recibir Pago* (**Receive Payment**).

- **Paso 3.** Selecciona el *Cliente* (**Customer**) en la lista desplegable. También puedes buscar por *Número de Factura* (**Find by Invoice No.**) si el cliente nos lo proporciona.

  QuickBooks Online en forma predeterminada te escribe la fecha actual en el campo la *Fecha de Pago* (**Payment Date**), pero la podemos modificar dado el caso que sea otra fecha.

- **Paso 4**. Selecciona de la lista desplegable *Método de Pago* (**Payment Method**) el tipo de pago, para este caso es vía *Cheque* (**Check**).

- **Paso 5.** Escribe el número del cheque recibido en el campo *Número de Referencia* (**Reference No.**).

- **Paso 6.** Selecciona la cuenta contable de la lista desplegable *Depositado a* (**Deposit to**).

  Nota : *Si no has asignado una cuenta contable para depósitos bancarios lo puedes hacer aquí en la lista, usando el botón Adicionar Nueva (**Add New**) o consulta con tu contador acerca de que cuenta manejar.*

- **Paso 7.** Ir a la factura correspondiente y escribir el monto del cheque recibido en el campo ubicado en la columna final llamada *PAGO* (**PAYMENT**). En nuestro caso el monto a pagar es inferior al saldo que posee la factura (**Open Balance**), por lo cual será un *Pago Parcial* (**Partial Payment**).

- **Paso 8**. Si quieres escribir alguna nota aclaratoria acerca del pago usamos el campo Memo, esto es opcional.

- **Paso 9**. Click en el botón *Guardar y Cerrar* (**Save and Close**).

Si vamos a la opción *Ventas* (**Sales**) > *Facturas* (**Invoices**), observamos el *Estado* (**Status**) de la factura como *Parcialmente Pagada* (**Partially Paid**) y el *Saldo* (**Balance**) actualizado.

Nota : *Si la columna SALDO (**BALANCE**) no es mostrada, tienes que ir al icono de la rueda dentada ubicado en el encabezado de la columna ACCIÓN (**ACTION**) y señalar o habilitar las columnas que quieres mostrar.*

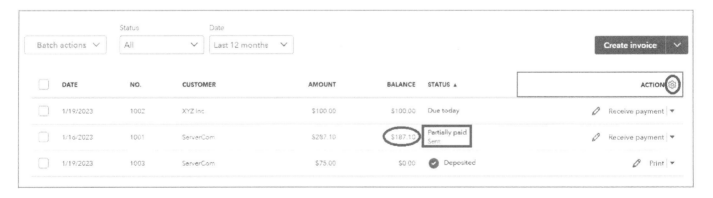

ESTIMADOS / COTIZACIONES (ESTIMATES / QUOTES)

Estimados son básicamente cotizaciones que el cliente puede solicitar antes de comprar un producto o servicio. Por lo tanto es una buena idea que formalmente le enviemos un documento detallado con precios, cantidades, descuentos etc. para que pueda revisarlo y darle luz verde si está de acuerdo. Una vez aprobado QuickBooks Online te permite fácilmente convertir el *Estimado* (**Estimate**) en un *Factura* (**Invoice**).

Es importante recalcar que un estimado no impacta la contabilidad ni a los reportes financieros, para crear un estimado seguimos los pasos :

- **Paso 1.** Ir a la barra de navegación y hacer Click en el botón *Nuevo* (**New**) ubicado en la parte superior de la barra.

- **Paso 2.** Click en la opción *Estimados* (**Estimates**).

- **Paso 3.** Si es la primera vez, hacer Click en el botón *Crear un Estimado* (**Create an Estimate**).

  Observamos que básicamente el estimado es muy similar a la creación de la factura.

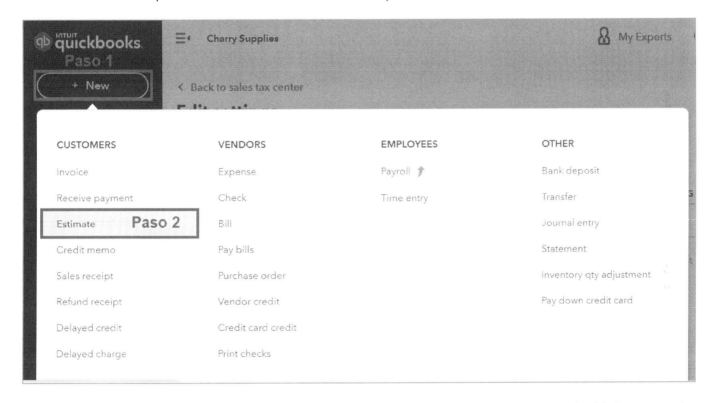

- **Paso 4.** Hacer Click en la lista desplegable de *Adicionar / Seleccionar Cliente* (**Add Customer**), y escoger un cliente activo, si no está en la lista podemos crearlo y seguir los pasos vistos anteriormente en el capítulo de creación y manejo de clientes.

  *Nota : En forma automática QuickBooks Online trae cierta información del cliente configurada cuando fue creado, como la Dirección de Envío de la Factura (**Bill To**), el Número del Estimado (**Estimate No.**), Fecha del Estimado (**Estimate Date**).*

- **Paso 5.** Escribir la *Fecha de Expiración* (**Expiration Date**), este campo es opcional pero es aconsejable ya que QuickBooks Online hace el seguimiento y nos da recordatorio mediante el Estado (Status) del estimado. En nuestro caso escribimos un mes después que es aceptable para esperar una respuesta del cliente.

- **Paso 6.** Lo siguiente es adicionar una o varias filas de los *Productos/Servicios* (*Products/Services*) y las Cantidades (**Qty**) que se van a cotizar.

  Nota : *Si el Cliente no está exento de Impuesto a las Ventas (**Sales Tax**) haz Click sobre el cuadro de verificación Impuestos (**Tax**) para aplicarlo en la factura.*

- **Paso 7.** En la parte final podemos agregar algunas notas para el cliente respecto a la garantía o métodos de pago, etc.

- **Paso 8.** Hacer Click en el botón *Revisar y Envia*r (**Review and Send**) ubicado en la parte inferior derecha.

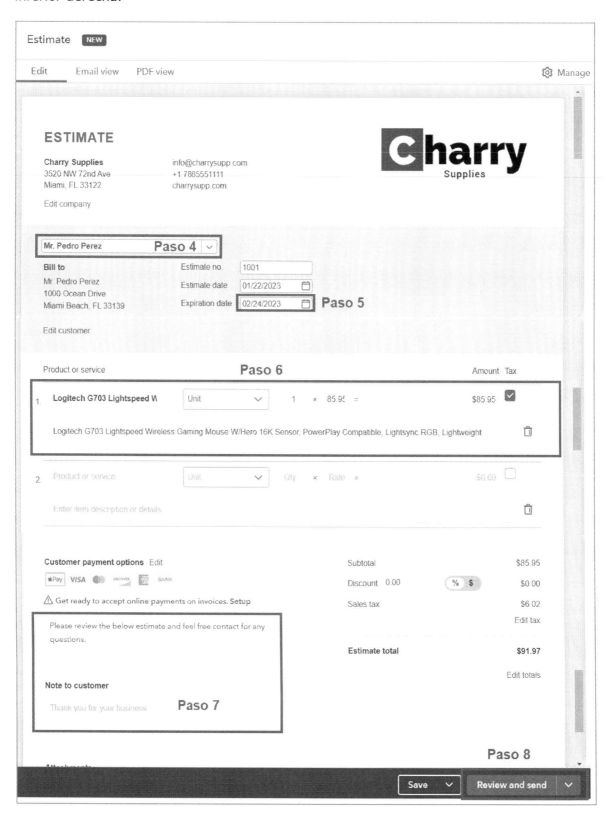

REVISAR Y ENVIAR EL ESTIMADO (REVIEW AND SEND)

En esta ventana emergente se muestra la información para ser enviada por *Correo Electrónico* (**Email**).

- **Paso 1.** Modificar si es requerido los campos del Correo Electrónico(**Email**), como *Destinatario* (**to**), *Asunto* (**Subject**) o *Mensaje incluido* (**Body**), entre otros.

- **Paso 2.** Click en el botón *Enviar Estimado* (**Send Estimate**), luego mostrará un mensaje que el *Correo fue enviado al Cliente exitosamente* (**Email was Sent to Successfully**).

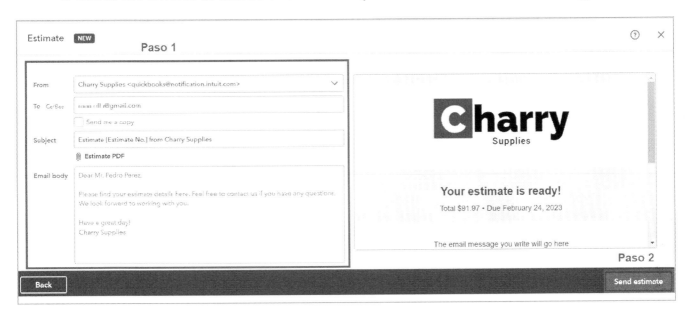

El cliente recibirá un correo electrónico como el mostrado abajo con un archivo en PDF adjunto que contiene el estimado. También tiene la posibilidad de aprobarlo mediante la opción *Revisar y Aprobar* (**Review and Approve**).

CONVIRTIENDO EL ESTIMADO EN UNA FACTURA

Si pasados varios días el cliente te llama aprobando el estimado, entonces procedemos a crear una factura basado en este, haciendo los siguientes pasos :

- **Paso 1.** Ir a la barra de navegación y hacer Click en el botón *Ventas* (**New**).

- **Paso 2.** Click en la opción *Estimados* (**Estimates**).

- **Paso 3.** Buscar el estimado de la lista, puedes usar el filtro de *Estado* (**Status**) y seleccionar solo los *Pendientes* (**Pending**).

- **Paso 4.** Actualizar el estado del estimado haciendo Click en opción *Actualizar Estado* (**Update Status**) de la lista desplegable ubicada en la última columna llamada ACCIÓN (**ACTION**).

- **Paso 5.** Escoger *Aceptado* (**Accepted**) de la lista desplegable y hacer *Click* en **OK**.

- **Paso 6.** Escribir el nombre del empleado que aceptó en el campo *Por* (**By**) y la *Fecha de Aceptación* (**Date**).

- **Paso 7.** Hacer Click en **OK.**

Ahora vemos que el *Estado* (**Status**) del estimado cambio a *Aceptado* (**Accepted**) con esto ya podemos hacer un factura de una forma rápida ya que tenemos toda la información almacenada en el estimado.

- **Paso 1.** Localizar el estimado con el estado aceptado.

- **Paso 2.** Click en la opción *Convertir a Factura* (**Convert to Invoice**), ubicada en la columna llamada *ACCIÓN* (**ACTION**).

- **Paso 3.** Nos muestra una ventana igual a la de creación de la factura, si quieres hacer algún ajuste o un descuento y hacer Click en *Revisar y Enviar* (**Review and Send**).

NOTA DE CREDITO EN FACTURAS DE CLIENTES (INVOICE CREDIT MEMO)

Es muy común que un cliente reciba algo defectuoso o incompleto y quiera que se le devuelva algún dinero del pago realizado o se le descuente en futuras facturas, en términos contables se llama crear una *Nota de Crédito* (**Credit Memo**).

Antes de hacerlo verificamos que las notas de crédito automáticas están activadas, siguiendo estos pasos :

- **Paso 1.** Click en el icono de la Rueda dentada de Configuración (**Gear Icon**) y Click en *Configuración de Cuentas* (**Account Settings**).

- **Paso 2.** Click en la opción *Avanzado* (**Advanced**).

- **Paso 3.** Ir a la sección Automatización (**Automation**), hacer Click en el icono del lápiz y activar la opción *Aplique Créditos Automáticamente* (**Automatically Apply Credits**).

- **Paso 4.** Click en el botón *Guardar* (**Save**).

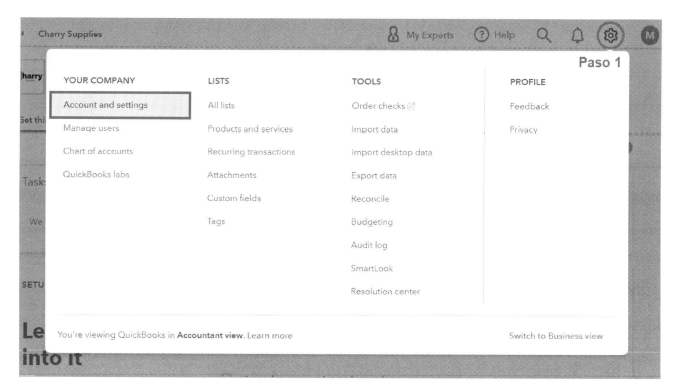

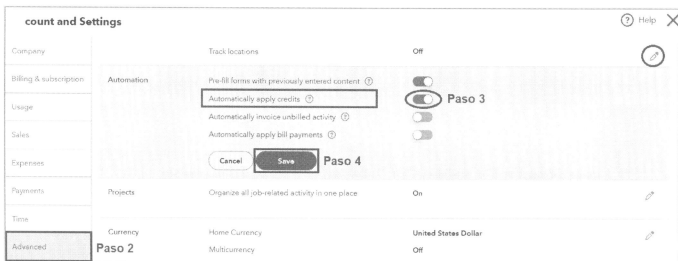

En nuestro ejemplo el cliente Pedro Perez compro algo y su factura esta paga, posteriormente dice que algunos productos salieron defectuosos, como el total es poco, haremos una nota de crédito para que en la próxima factura se le descuente.

- **Paso 1.** ir a la opción *Ventas* (**Sales**) > *Clientes* (**Customers**), de la barra de navegación.

- **Paso 2.** Localizar el *Cliente* (**Customer**) y hacer Click o Doble-Click para abrir su información.

- **Paso 3**. Seleccionar *Nota de Crédito* (**Credit Memo**) de la lista desplegable *Nueva Transacción* (**New Transaction**).

- **Paso 4.** Para hacerlo más simple seleccionar como *Producto/Servicio* (**Product/Service**) una venta genérica, escribir opcionalmente en *Descripción* (**Description**), escribimos el valor de la nota en el campo *Tasa* (**Rate**).

  Nota : *Opcionalmente podemos escribir alguna descripción más detallada en los campos Mensajes.*

- **Paso 5**. Click en *Guardar y Cerrar* (**Save and Close**).

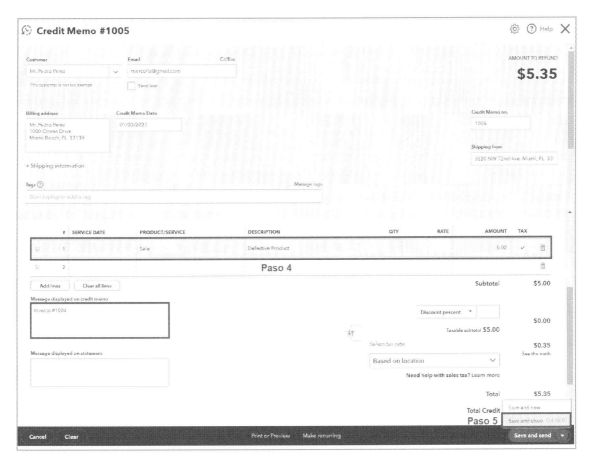

Si tu creas una factura para el mismo cliente posterior a la nota de crédito, se aplicará automáticamente un pago por el valor de la nota de crédito. Esto lo podemos observar cuando abrimos las transacciones del cliente y vemos una la factura con pago parcial que al visualizarla aparece que se hizo un *Pago* (**Payment #1**). A su vez el estado de la *Nota Crédito* (**Credit Memo**) se visualiza como *Cerrado* (**Closed**) es decir que fue aplicada.

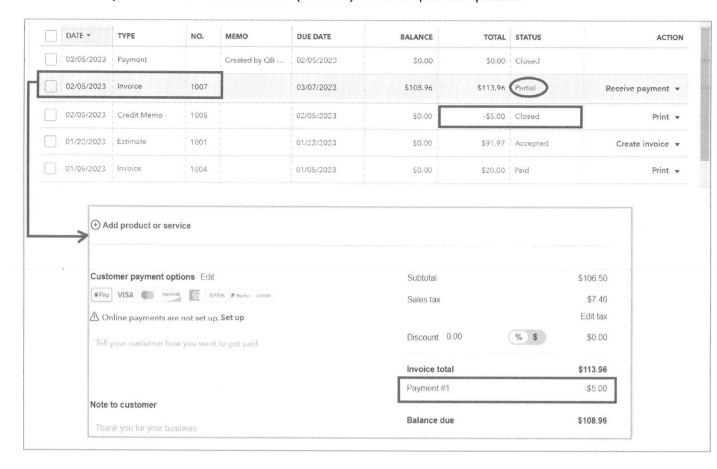

INTRODUCCIÓN DE CUENTAS POR PAGAR (BILLS) y GASTOS (EXPENSES)

En este capítulo hablaremos esencialmente de cómo es el flujo de salida de dinero de la empresa a través de compras de productos y servicios así como también los gastos generales que incurre la empresa como luz, agua, comida, gasolina etc.

CONFIGURACIÓN DE GASTOS (EXPENSES SETTINGS)

Antes de empezar con los proveedores, miremos un poco la configuración de los gastos, para asegurarnos que están habilitadas las opciones necesarias.

- **Paso 1.** Hacer Click en el *Icono de la Rueda* (**Gear Icon**).

- **Paso 2.** Click en la opción *Cuentas y Configuración* (**Account and Settings**).

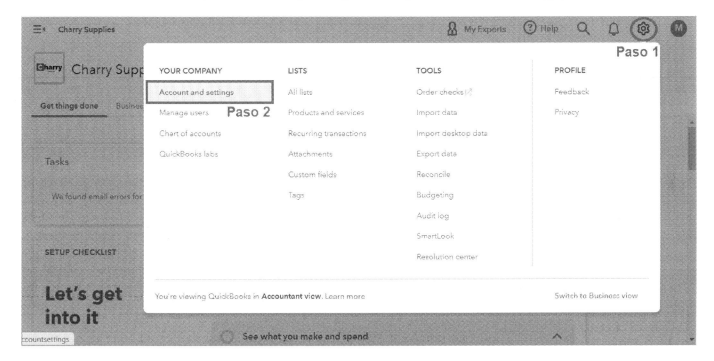

- **Paso 3**. Click en *Gastos* (**Expenses**) y Click en el icono del lápiz para modificar.

- **Paso 4.** Habilitar la opción de Rastrear *Gastos por Cliente* (**Track expenses and Items by Customer**). También verificar si está habilitada la opción de *Usar Órdenes de Compra* (**Use Purchases Orders**).

- **Paso 5.** Click en *Guardar* (**Save**) en cada sección que modifiquemos.

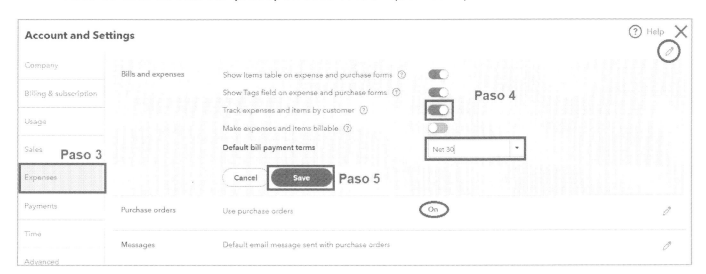

ADICIONANDO PROVEEDORES (ADDING VENDORS)

El manejo de *Proveedores* (**Vendors**) funciona de manera similar a los *Clientes* (**Customers**), lo cual es muy intuitivo y de fácil visualización. Para crear un proveedor seguimos los pasos :

- **Paso 1.** Hacer Click la opción *Gastos* (**Expenses**) ubicada en la barra de navegación.

- **Paso 2.** Click en la opción *Proveedores* (**Vendors**).

  Si nunca antes haz adicionado proveedores, QuickBooks Online te muestra dos botones, uno para *Importar Proveedores* (**Import Vendors**), que tienes en una hoja electrónica o un archivo de texto, el cual no es nuestro caso y un segundo botón que se usará, llamado *Adicionar Proveedores* (**Add Vendors**) para hacerlo en una forma manual.

- **Paso 3.** Click en el botón *Adicionar Proveedores* (**Vendors**).

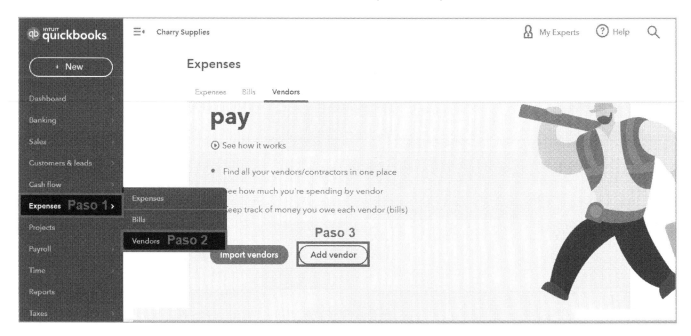

- **Paso 4.** La primera sección es *Nombre y Contacto* (**Name & Contact**). Si tu proveedor es una empresa escribes el *Nombre de la Compañía* (**Company Name**), automáticamente pone la misma información en el campo llamado *Nombre a Desplegar* (**Display Name**), el cual se puede cambiar si el proveedor se promociona o es conocido con otro nombre. En los campos (**First & Last name**) puedes poner el nombre y apellido del dueño o del vendedor principal que te atiende.

  Luego escribimos la información del *Correo Electrónico* (**Email**), Teléfono (**Phone**), *Celular* (**Mobile**), *Número de Fax* (**Fax**), el *Sitio Web* (**Website**). Por último modificamos si es necesario la información del campo *Nombre Impreso en los Cheques* (**Name to Print on Checks**).

- **Paso 5.** Escribe toda la información relacionada con la *Dirección* (**Address**) de tu proveedor. en los campos *Dirección 1* (**Street Address 1**), *Dirección 2* (**Street Address 2**), *Ciudad* (**City**), *Estado* (**State**), *Código Postal* (**Zip Code**) y *País* (**Country**).

- **Paso 6.** Escribir si se requiere algunas *Notas* (**Notes**) en referencia al Proveedor como por ejemplo si es mayorista o manufactura los productos, etc. Podemos también almacenar algunos documentos de garantía o certificados usando el campo *Archivos Adjuntos* (**Attachments**).

Paso 4 — Vendor

Name and contact

Company name: Bazz Computers Inc.

Vendor display name *: Bazz Computers Inc.

Title:

First name: Joseph

Middle name:

Last name: Conrad

Suffix:

Email: sales@bazzcomp.net

Phone number: (800) 333-4444

Mobile number: (281) 555-6666

Fax: (281) 000-1111

Other:

Website: http://www.bazzcomp.net

Name to print on checks: Bazz Computers Inc.

Address — **Paso 5**

Street address 1: 15555 Bissonnet St.

Street address 2:

∨ Add lines

City: Houston

State: TX

ZIP code: 77999

Country: USA

Preview address

Notes and attachments — **Paso 6**

Notes: Wholesale Computer Parts Vendor

Attachments

Add attachment
Max file size: 20 MB

- **Paso 7.** En esta última sección de *Información Adicional* (**Additional Info**), debes llenar algunas cosas que afectan los impuestos y las contabilidad. Usa el campo de Identificación del Negocio o Número de Seguro Social (**Business ID / Social Security No.**) para escribir la info legal del proveedor necesaria en el rastreo del departamento de impuestos, si el proveedor es un contratista independiente es conveniente llenar el cuadro de verificación *Rastrear Pagos*

1099 (**Track Payments for 1099**) que en su momento necesitará cuando declare sus impuestos.

Si el proveedor hace consultoría y cobra por hora puedes usar el campo *Tarifa por Hora* (**Billing rate**) de tal forma que cuando se genere una transacción con él, aparezca de forma predeterminada. Opcionalmente puedes escribir el tiempo de pago en el campo *Terminos* (**Terms**), que puede ser pago inmediato o a 15,30,60 días etc.

En la parte contable se requiere definir bien a qué cuenta de gastos van las transacciones hechas con el proveedor, puedes preguntar a tu contador cuál es la más conveniente. Selecciona la cuenta en la lista desplegable llamada *Categoría de Gasto Predeterminada* (**Default Expense Category**), Si no está en las provista por QuickBooks Online, necesitas crearla.

En el campo *Saldo de Apertura* (**Opening Balance**) junto con la fecha (**As of**) se especifica si tienes una deuda actual con el Proveedor y quieres que se te refleje en los acumulados de cuentas por pagar.

- **Paso 8.** Click en *Guardar* (**Save**).

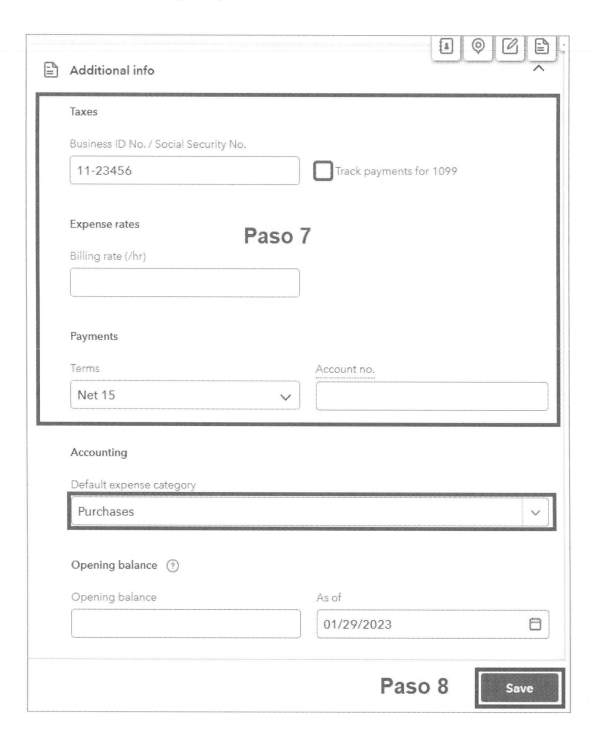

EDICIÓN DE PROVEEDORES (EDIT VENDORS)

La edición de proveedores es muy similar a lo hecho con los clientes :

- **Paso 1.** Hacer Click en la opción *Gastos* (***Expenses***) de la barra de navegación ubicada en la parte izquierda.

- **Paso 2.** Click en la opción *Proveedores* (**Vendors**).

- **Paso 3.** Click sobre el proveedor seleccionado.

- **Paso 4.** Click en el botón *Editar* (**Edit**).

- **Paso 5.** Haz los cambios necesarios y Click en el botón *Guardar* (**Save**) .

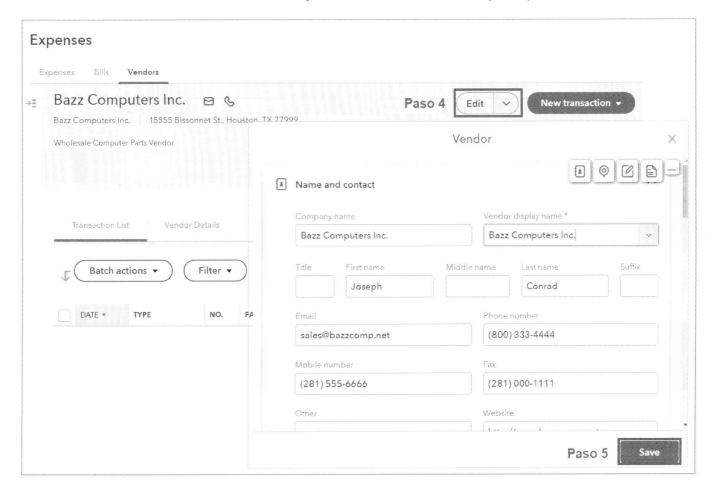

INACTIVANDO PROVEEDORES (MAKE INACTIVE A VENDOR)

Al igual que lo hecho con los clientes, los proveedores pueden inactivarse, para esto esto seguimos los pasos :

- **Paso 1.** Hacer Click en la opción *Gastos* (***Expenses***) de la barra de navegación ubicada en la parte izquierda.

- **Paso 2.** Click en la opción *Proveedores* (**Vendors**).

- **Paso 3.** Seleccionamos la opción *Hacerlo Inactivo* (**Make Inactive**) de la lista desplegable localizada en la última columna llamada *ACCIÓN* (**ACTION**).

- **Paso 4.** Aparece un cuadro de diálogo preguntando : *Estás seguro que deseas Inactivarlo* ? (**Are you sure you want to make Company XYZ inactive?**). Luego hacer Click en el botón *Sí, Hazlo Inactivo* (**Yes, Make Inactive**). Observamos que ya no aparece en la lista de Proveedores.

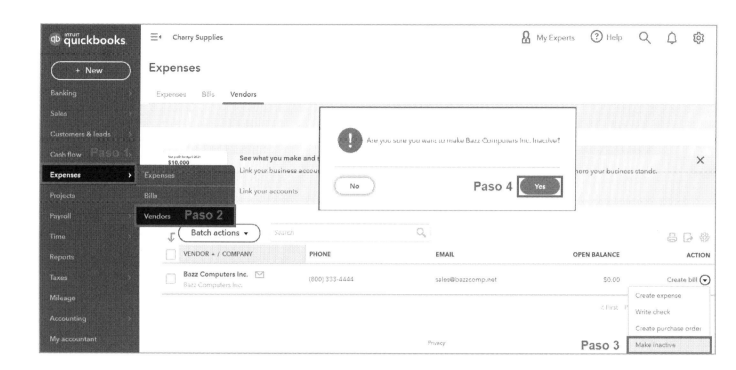

REGISTRANDO UN GASTO (CREATING A EXPENSE RECORD)

En este capítulo veremos cómo registrar un gasto originado por un servicio o producto y que es pagado en el momento y no va a ser recurrente y cual es su impacto en la contabilidad. Hacemos los siguientes pasos :

- **Paso 1.** Hacer Click en el botón *Nuevo* (**New**) ubicado en la parte superior de la barra de navegación.

- **Paso 2.** Click en la opción *Gasto* (**Expense**) localizado en la sección de *Proveedores* (**Vendors**).

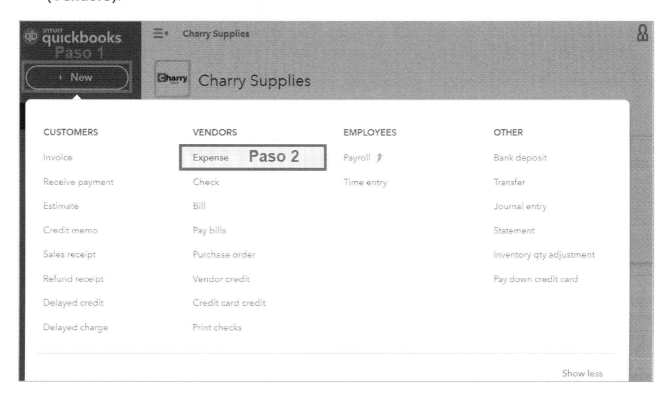

- **Paso 3.** Seleccionar de la lista desplegable el *Proveedor o Beneficiario* (**Payee**).

  *Nota : Como son gastos ocasionales algunas veces el beneficiario o proveedor no está en la lista, para adicionarlo rápidamente, haz Click en la opción Adicionar Nuevo (**Add New**) y llena los datos básicos.*

- **Paso 4.** Seleccionar de la lista desplegable *Cuenta de Pago* (**Payment Account**). Cual es la cuenta de banco, tarjeta de crédito, etc. de donde se va a sacar el dinero.

  *Nota : Si la Cuenta de Pago no está en la lista, puedes añadirla rápidamente, haciendo Click en la opción Adicionar Nuevo (**Add New**) allí puedes si necesitas, hacer un seguimiento del Saldo (**Balance**).*

- **Paso 5.** Escribir la *Fecha de Pago* (**Payment Date**).

- **Paso 6.** Selecciona el *Método de Pago* (**Payment Method**).

- **Paso 7.** Opcionalmente puedes llenar los campos de *Número de Referencia* (**Ref. No**), *Número de Permiso* (**Permit No.**) y *Etiquetas* (**Tags**).

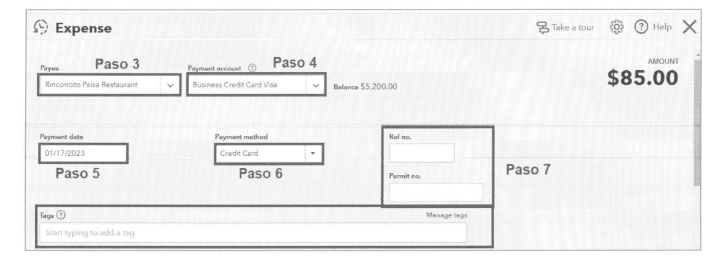

- **Paso 8.** Escoge la *Categoría de Gasto* (**Category**) de la lista desplegable, escribe una descripción del gasto (**Description**), el *Monto o Valor pagado* (**Amount**) y opcionalmente selecciona un cliente, dado el caso si este gasto efectuó para atender a un cliente de la empresa como un regalo o invitación.

- **Paso 9.** Opcionalmente puedes escribir algún detalle en las *Notas* (**Notes**) o adjuntar un recibo en el campo Archivos Adjuntos (**Attachments**).

- **Paso 10.** Click en el botón *Guardar y Cerrar* (**Save and Close**).

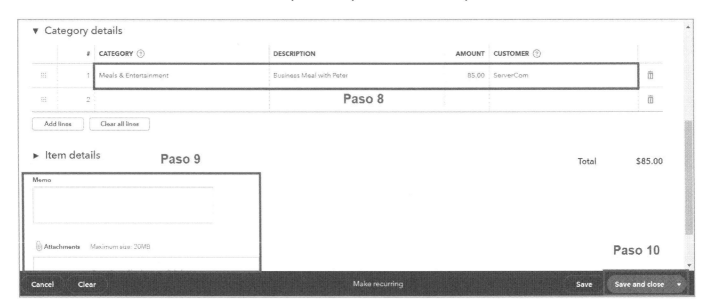

CÓMO IMPACTA UN GASTO LA CONTABILIDAD (IMPACT ON THE CHART OF ACCOUNTS)

Al ir a un reporte de *Pérdidas y Ganancias* (**Profit and Loss**), podemos ver la salida del dinero como un gasto. Hacemos los siguientes pasos :

- **Paso 1.** Hacer Click en la opción *Reportes* (**Report**) ubicada en la barra de navegación.

- **Paso 2.** Click en la pestaña Estándar (**Standard**) y Click en la opción *Pérdidas y Ganancias* (**Profit and Loss**).

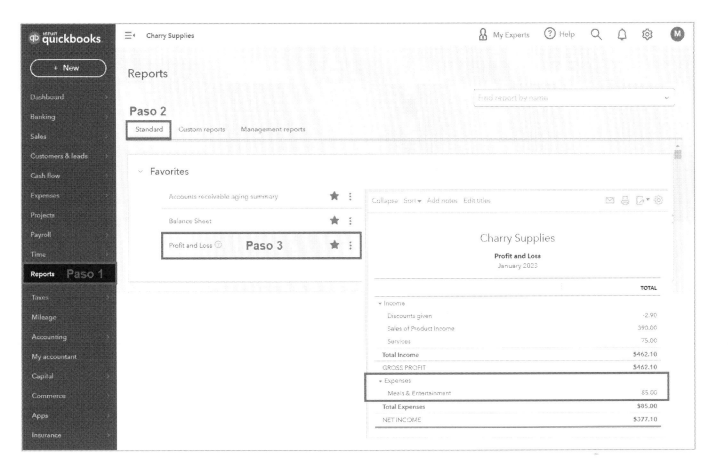

UTILIZANDO ÓRDENES DE COMPRA (PURCHASE ORDERS)

Tú puedes utilizar las órdenes de compra para ordenar productos a los Proveedores (**Vendors**) y poder comparar luego lo que has pedido contra lo recibido. Crear y guardar una orden de compra no tendrá efecto en tu información financiera y contable.

COMO CREAR UNA ORDEN DE COMPRA (HOW TO CREATE A PURCHASE ORDER):

- **Paso 1.** Hacer Click en el botón *Nuevo* (**New**) ubicado en la parte superior de la barra de navegación.

- **Paso 2.** Click en la opción Orden de Compra (**Purchase Order**) localizada en la sección de *Proveedores* (**Vendors**).

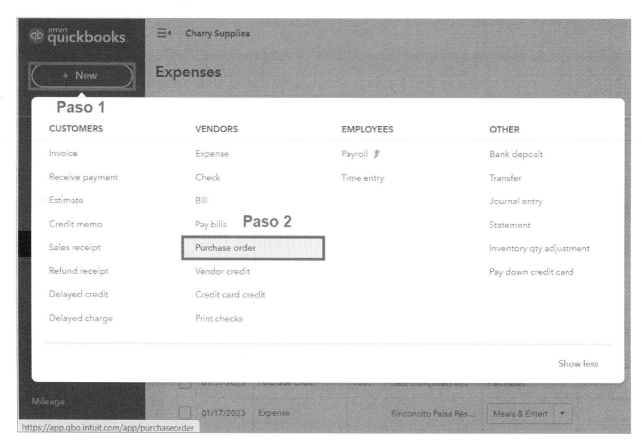

- **Paso 3.** Seleccionar el *Proveedor* (**Vendor**) de la lista desplegable. Automáticamente QuickBooks Online trae la información de *Correo electrónico* (**email**) y la *Dirección* (**Mailing Address**) del proveedor.

  *Nota : Si el proveedor no está en la lista, puedes añadirlo rápidamente, haciendo Click en la opción Adicionar Nuevo (**Add New**) y seguir los pasos vistos en el capítulo de Creación de un Proveedor. Observamos también que el Estado (**Status**) de la orden es Abierta (**Open**) que significa que solamente es creada pero todavía no se ha confirmado aún la compra.*

- **Paso 4.** Opcionalmente podemos seleccionar enviar los productos comprados directo a un Cliente, para seleccionar el cliente de la lista desplegable *Enviar a* (**Ship to**).

- **Paso 5.** Escribe la *Fecha de la Orden de Compra* (**Purchase Order Date**).

- **Paso 6.** Opcionalmente puedes modificar la dirección a donde te enviaran los productos (**Shipping Address**) y la forma de envío (**Ship Via**) por ejemplo terrestre o aérea.

- **Paso 7.** En la sección *Detalles de los Items* (**Item Details**), selecciona el *Producto / Servicio* (**Product / Service**) de la lista desplegable, la *Cantidad* (**Qty**) y el *Precio por unidad* (**Rate**).

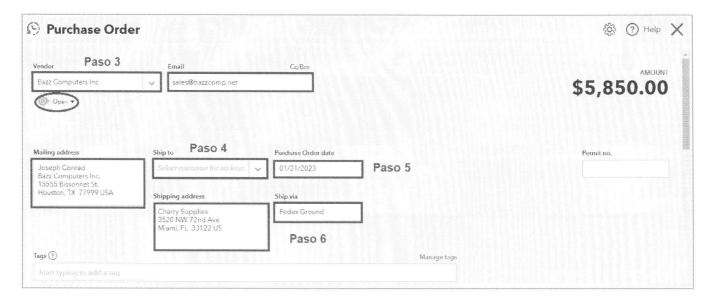

- **Paso 8**. Opcionalmente puede escribir un mensaje aclaratorio al proveedor (**Your message to vendor**) algún detalle en el campo *Memo* o adjuntar un recibo en el campo *Archivos Adjuntos* (**Attachments**).

- **Paso 9.** Click en la flecha al lado del botón *Guardar y Cerrar* (**Save and Close**) y escogemos la opción *Guardar y Enviar* (**Save and Send**).

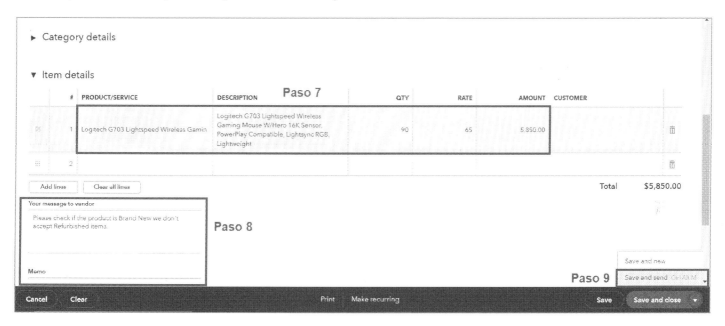

- **Paso 10.** Nos muestra la ventana de *Enviar Correo Electrónico* (**Send Email**), Puedes si deseas modificar el *Asunto* (**Subject**) y el *Mensaje del email* (**Body**) y luego hacer Click en el botón *Enviar y Cerrar* (**Send and Close)** para enviarlo el Proveedor destinatario.

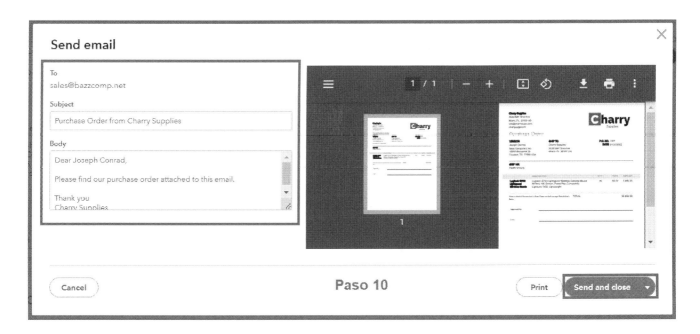

Paso 10

REORDENANDO PRODUCTOS (PRODUCTS REORDER)

Otra forma de realizar una orden de compra es mirando la lista de productos que están bajo inventario y requieren ser reordenados, la cual puede hacerse tanto para uno o para varios en *Lote* (**Batch**). De esta forma se pueden generar múltiples órdenes de compra de diferentes proveedores, para esto seguimos los siguientes pasos :

- **Paso 1.** Hacer Click en la opción *Ventas* (**Sales**) de la barra principal de navegación y luego Click en *Productos y Servicios* (**Products and Services**).

- **Paso 2.** Marcar los productos que están bajos en inventario observando la *Cantidad a la Mano* (**Qty on Hand**) en rojo.

- **Paso 3.** Seleccionar la opción *Reordenar* (**Reorder**) de la lista desplegable llamada *Acciones en Lote* (**Batch Actions**), localizada en la parte superior de la columna *ACCIÓN* (**ACTION**). Nos mostrará luego una orden de compra y seguimos los pasos usados en la sección de creación de órdenes de compra.

GRABACIÓN DE FACTURAS DE PROVEEDORES DE PRODUCTOS RECIBIDOS (BILL FOR RECEIVED ITEMS)

Cuando la orden de compra es aprobada por el proveedor y la mercancía es recibida, se requiere crear una *Cuenta por Pagar* (**Bill**) la cual tendrá un término y condiciones de pago, si el producto recibido es de inventario entonces QuickBooks Online automáticamente incrementará la cantidad del producto en el inventario (**Qty on Hand**). Para convertir una *Orden de Compra* (**Purchase Order**) en una *Cuenta por Pagar* (**Bill**) seguimos los siguiente pasos :

- **Paso 1.** Hacer Click en el botón *Nuevo* (**New**) ubicado en la parte superior de la barra de navegación.

- **Paso 2.** Click en la opción *Cuenta por Pagar* (**Bill**) localizado en la sección de *Proveedores* (**Vendors**).

- **Paso 3.** Seleccionar el *Proveedor* (**Vendor**) de la lista desplegable.

- **Paso 4.** Automáticamente nos mostrará en la parte derecha de la ventana, las órdenes de compra pendientes, hacer Click en la opción *Adicionar* (**Add**) para traer la información de la orden.

  Nota : *Si la cantidad de producto recibido o el precio es diferente lo puedes modificar haciendo Click en la Cantidad (**Qty**) o Precio (**Rate**) o agregar una nota o subir una foto del documento enviado por el proveedor.*

- **Paso 5.** Para finalizar hacer Click en el botón *Guardar* (**Save**) y *Programar el Pago* (**Save and Schedule Payment**) o Escoger *Guardar y Cerrar* (**Save and Close**).

¿CÓMO AFECTA EL INVENTARIO ? (INVENTORY IMPACT)

para saber como el inventario fue impactado por la entrada de los productos por medio de la *Cuenta por Pagar* (**Bill**) creada anteriormente, podemos sacar un reporte de inventario detallado, siguiendo los pasos :

- **Paso 1.** Hacer Click en la opción *Reportes* (**Reports**) de la barra de navegación.

- **Paso 2**. Escribir Inventory en el recuadro de *Buscar Reporte por Nombre* (**Find Report by Name**).

- **Paso 3.** Seleccionar *Valoración de Inventario Detallado* (**Inventory Valuation Detail**).

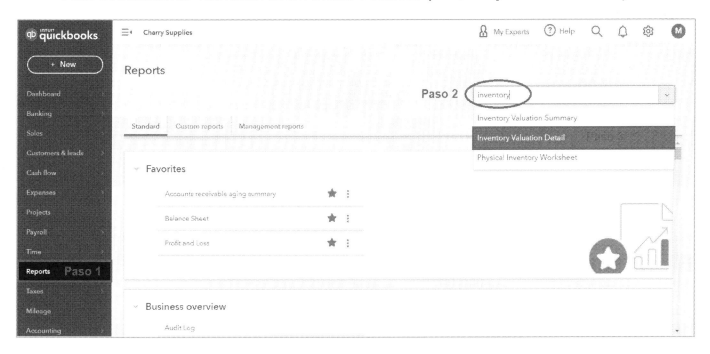

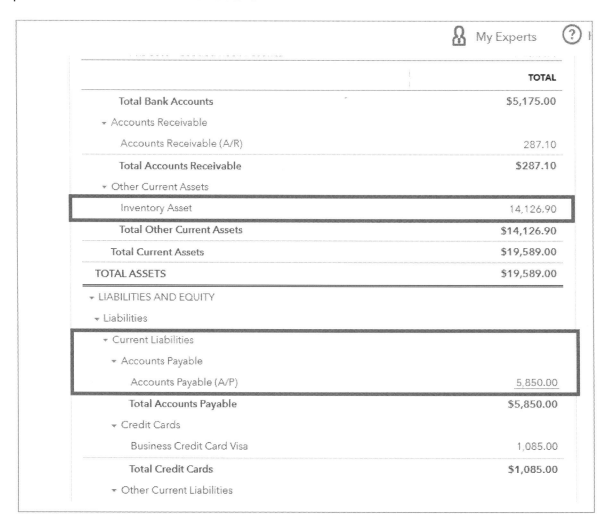

Charry Supplies

Inventory Valuation Detail

February 1-2, 2023

DATE	TRANSACTION TYPE	NUM	NAME	QTY	RATE	FIFO COST	QTY ON HAND	ASSET VALUE
▾ Dell Power Adapter 19.5 65W								
Beginning Balance							45.00	0.00
02/02/2023	Inventory Qty Adjust	4		-35.00	0.00	0.00	10.00	0.00
Total for Dell Power Adapter 19.5 65W				-35.00		$0.00	10.00	$0.00
▾ Kingston 480GB A400 SATA 3 2.5" Internal SSD								
02/02/2023	Inventory Starting Value	START		2.00	24.95	49.90	2.00	49.90
Total for Kingston 480GB A400 SATA 3 2.5" Internal SSD				2.00		$49.90	2.00	$49.90
▾ Logitech G703 Lightspeed Wireless Gamin				Recibido			Inv. Inicial	
Beginning Balance							110.00	7,722.00
02/01/2023	Bill		Bazz Computers Inc.	90.00	65.00	5,850.00	200.00	13,572.00
Total for Logitech G703 Lightspeed Wireless Gamin				90.00		$5,850.00	200.00	$13,572.00
▾ Set Adapter Dell 19.5 + Power Cable							Inv. Final	
Beginning Balance							25.00	505.00

¿CÓMO AFECTA LA PARTE CONTABLE ? (ACCOUNTING IMPACT)

Para saber cómo impacta la contabilidad la cuenta por pagar generada (**Bill**), vamos a ver la *Hoja de Balance* (**Balance Sheet**), para esto seguimos los siguientes pasos :

- **Paso 1.** Hacer Click en la opción *Reportes* (**Reports**) de la barra de navegación.

- **Paso 2.** Hacer Click en *Hoja de Balance* (**Balance Sheet**). Observamos entonces que en la sección de *Activos en Inventario* (**Inventory Assets**) el valor ha aumentado y en la sección de *Pasivos Actuales* (**Current Liabilities**) > *Cuentas por Pagar* (**Account Payable**), vemos el valor de la compra que recibimos la cual está pendiente por pagar. Haciendo Click sobre el valor podemos ver la transacción en detalle.

	TOTAL
Total Bank Accounts	$5,175.00
▾ Accounts Receivable	
Accounts Receivable (A/R)	287.10
Total Accounts Receivable	$287.10
▾ Other Current Assets	
Inventory Asset	14,126.90
Total Other Current Assets	$14,126.90
Total Current Assets	$19,589.00
TOTAL ASSETS	$19,589.00
▾ LIABILITIES AND EQUITY	
▾ Liabilities	
▾ Current Liabilities	
▾ Accounts Payable	
Accounts Payable (A/P)	5,850.00
Total Accounts Payable	$5,850.00
▾ Credit Cards	
Business Credit Card Visa	1,085.00
Total Credit Cards	$1,085.00
▾ Other Current Liabilities	

Charry Supplies

Transaction Report

January 1 - February 3, 2023

DATE	TRANSACTION TYPE	NUM	NAME	MEMO/DESCRIPTION	ACCOUNT	SPLIT	AMOUNT	BALANCE
▾ Accounts Payable (A/P)								
02/01/2023	Bill		Bazz Computers Inc.		Accounts Payable (A/P)	-Split-	5,850.00	5,850.00
Total for Accounts Payable (A/P)							$5,850.00	
TOTAL							$5,850.00	

INGRESO DE FACTURAS / CUENTAS RECURRENTES DE PROVEEDOR (RECURRING BILLS)

Si pagas algunas Cuentas o Facturas (**Bills**) en una base de tiempo regular. Por ejemplo, haces pagos de alquiler o hipotecas cada mes. Puedes pagar fácilmente estas facturas cada mes sin tener que ingresarlas continuamente, QuickBooks Online proporciona una característica llamada *Transacciones Recurrentes* (**Recurring Transactions**) y puedes poner esto a funcionar para estar seguro de que las cuentas por pagar (**Bills**) periódicas sean saldadas o abonadas.

Puedes crear *Transacciones Recurrentes* (**Recurring Transactions**) para las cuentas que pagas con cierta frecuencia (no solamente mensualmente). Por ejemplo, puedes crear una factura de algunos pagos del seguro del auto, los cuales ocurren cada 3 o 6 meses. También puedes hacer facturas recurrentes para transacciones que ocurren con cierta frecuencia, pero las cantidades varían, como por ejemplo las facturas de teléfono o las facturas de electricidad. Seguimos los siguientes pasos para crear una cuenta de pago recurrente del alquiler de una *Bodega* (**Warehouse**) para nuestro negocio :

- **Paso 1.** Crear una nueva *Cuenta / Factura por Pagar* (**Bill**) o usar una existente. En nuestro caso creamos una nueva con la opción *Nuevo* (**New**) > *Cuenta por Pagar* (**Bill**) de la barra de navegación.

- **Paso 2.** Seleccionar el *Proveedor* (**Vendor**)

- **Paso 3.** Ir a *Detalles de la Categoría* (**Category Details**), ya que corresponde a un servicio. Seleccionar la *Categoría* (**Category**) , escribir la *Descripción* (**Description**) y el monto a pagar (**Amount**).

- **Paso 4.** Hacer Click en la opción *Hacer Recurrente* (**Make Recurrent**), localizada en la parte inferior de la pantalla en el centro .

- **Paso 5.** Seleccionar el *Tipo* (**Type**), el cual puede ser *Programado* (**Scheduled**) que lo crea automáticamente, *Recordar* (**Reminder**) que te recuerda que se tiene que crear o simplemente *No programado* (**Unscheduled**), que te permite usar este formato para crearlo manualmente.

- **Paso 6.** Poner el *Número Días antes de que Ocurra la transacción* (**Create _ Days in Advance**), que significa cuantos días antes de que el evento ocurra quieres que el sistema te recuerde o te cree la transacción.

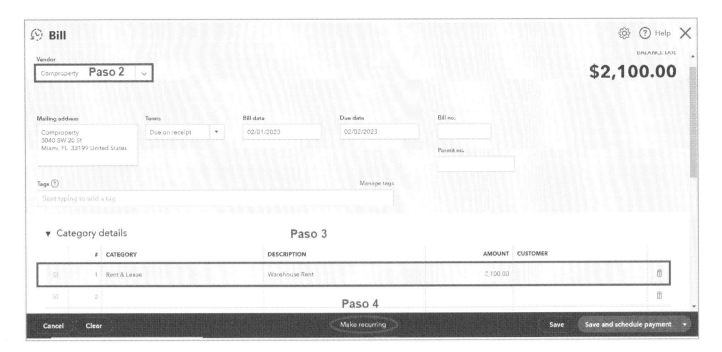

- **Paso 7.** Seleccionar el *Intervalo* (**Interval**), que puede ser *Mensual* (**Monthly**) , *Semanal* (**Weekly**), *Annual* (**Yearly**), etc. Escribimos la *Fecha Inicial* (**Start Date**) la cual se va empezar a generar estas cuentas y la *Fecha Fina*l (**End**) si es indefinida dejamos la opción predeterminada *Ninguna* (**None**).

- **Paso 8.** Hacer Click en el botón *Guardar Plantilla* (**Save Template**)

  Nota : *Para ver la transacción recurrente en caso de querer editarla o cancelarla, ir a la opción Gastos* (**Expenses**) *> Cuentas x Pagar* (**Bills**) *en la barra de navegación y hacer Click en la opción Manejar Cuentas Recurrentes (**Manage Recurring Bills**).*

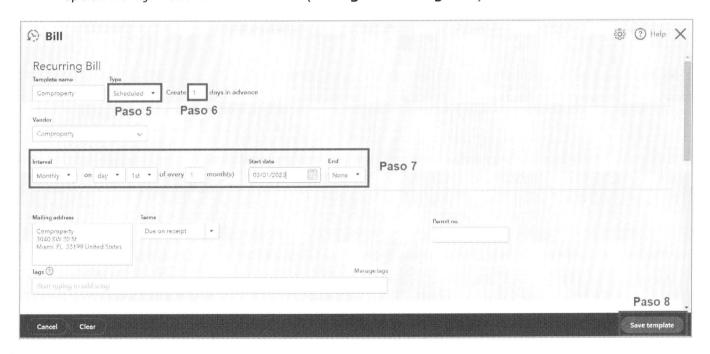

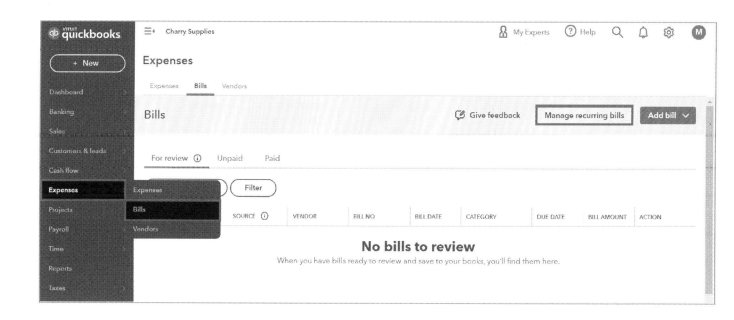

PAGANDO FACTURAS O CUENTAS DE PROVEEDORES (PAID BILLS)

Cuando pagues tus facturas o Cuentas de proveedores, QuickBooks Online no te obliga a que pagues cada cuenta que ingresaste, o pagar la cantidad completa para cada factura. Tu balance actual y tu relación con tus proveedores tiene una gran influencia en las decisiones que tomes.

VIENDO LAS FACTURAS NO PAGADAS (UNPAID BILLS)

Para ver las Cuentas o Facturas de proveedores pendientes por pagar existen varias opciones, estos son los pasos para acceder de una forma más directa :

- **Paso 1.** Click en la opción *Gastos* (**Expenses**) > *Cuentas x Pagar* (**Bills**).

- **Paso 2.** Hacer Click en la pestaña *No Pagados* (**Unpaid**). Podemos observar una lista de *Cuentas por Pagar* (**Bills**) y su *Estado* (**Status**) que nos muestra cual es su fecha de vencimiento o cuales están vencidas (**Overdue**).

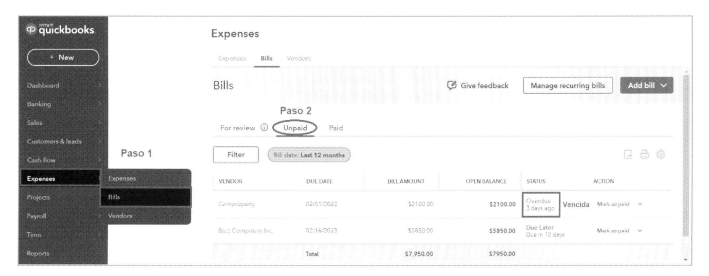

CREANDO LOS PAGOS A PROVEEDORES (CREATING PAYMENTS).

Para crear uno o varios pagos a proveedores hacemos los siguientes pasos :

- **Paso 1.** Click en opción *Nuevo* (**New**) > Pagar Cuentas (**Pay Bills**).

- **Paso 2.** Seleccionar la *Cuenta* de donde vamos a sacar el dinero para el pago (**Payment Account**).

- **Paso 3**. Marcar el cuadro de verificación de las cuentas que queremos pagar.

- **Paso 4.** Si no contamos con todo el dinero podemos hacer un pago parcial reescribiendo el valor a pagar en el cuadro *Pago* (**Payment**).

- **Paso 5.** Click en *Guardar y Cerrar* (**Save and Close**).

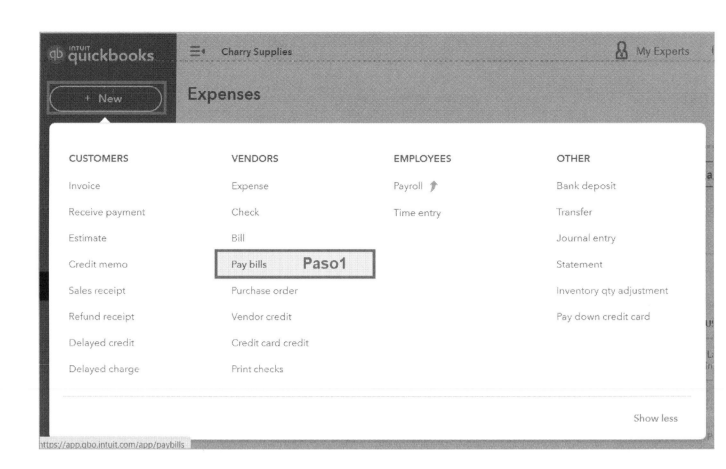

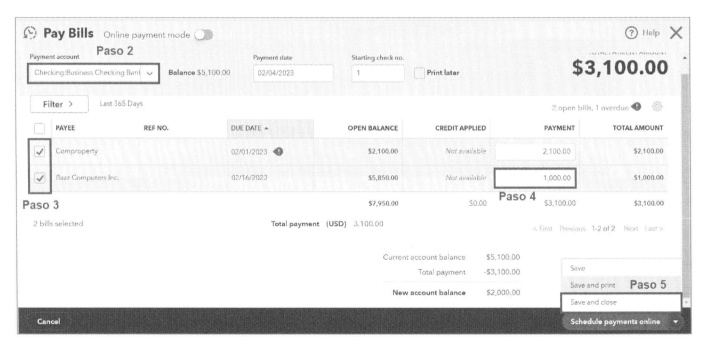

Si vamos nuevamente a la opción de ver Facturas o Cuentas no pagadas, *Gastos* (**Expenses**) > *Cuentas x Pagar* (**Bills**) > *No Pagados* (**Unpaid**), observamos que solo queda una pendiente que fue la que fue pagada parcialmente.

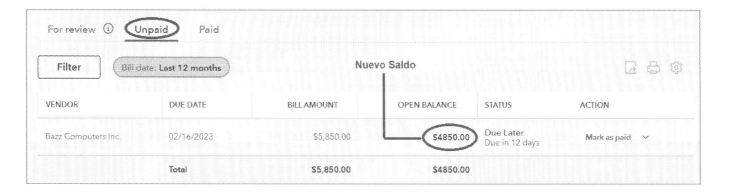

y si hacemos Click en la pestaña *Paga* (**Paid**), vemos las cuentas que estén completamente pagadas.

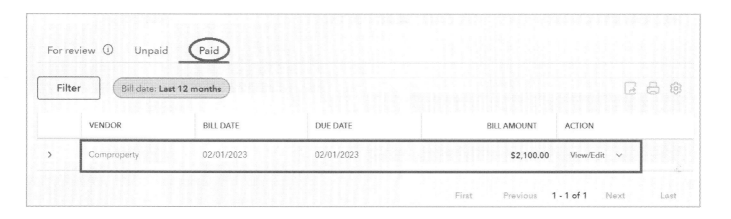

NOTAS DE CRÉDITO DE PROVEEDORES (VENDOR CREDITS)

Al igual que las notas de crédito en los clientes, en la compra de un producto o servicio a un *Proveedor* (**Vendor**) es posible solicitar al proveedor que nos otorgue una *Nota de Crédito* (**Vendor Credit**), que puede ser por alguna mercancía defectuosa, incompleta o en sobreprecio, etc. Esta transacción será un *Saldo* (**Balance**) a favor que podemos usarlo en otra compra. Para crear una nota de crédito de proveedor realizamos los siguientes pasos.:

- **Paso 1.** Ir al botón Nuevo (**New**) > *Nota Crédito de Proveedor* (**Vendor Credit**).

- **Paso 2**. Seleccionar el *Proveedor de Crédito* (**Vendor**) de la lista desplegable.

- **Paso 3.** Como la nota es por 3 productos que no sirven, vamos a la sección *Detalle de los Ítems* (**Items Details**) y seleccionar el *Producto/Servicio* (**Product/Service**) que que no sirve, ponemos la *Cantidad* (**Qty**) y el precio que pagamos en el campo *Tasa* (**Rate**).

  Nota : Opcionalmente podemos escribir alguna descripción más detallada en el campo Memo y adjuntar algún documento o fotografía.

- **Paso 4.** Click en *Guardar y Cerrar* (**Save and Close**).

Ahora vamos a las transacciones del *Proveedor* (**Vendor**) usando la opción de la barra de navegación *Gastos* (**Expenses**) > *Proveedores* (**Vendors**). Luego hacer Click en el proveedor del cual registramos la nota de crédito.

Podemos ver la *Nota de Crédito* (**Vendor Credit**) por un valor de $195 y una *Cuenta x Pagar* (**Bill**) los cuales muestran en su categoría la palabra Split , quequiere decir que esas 2 transacciones fueron impactadas por la nota de crédito creada.

Si queremos aplicar la nota crédito a una cuenta por pagar existente, creamos un nuevo pago para la factura del proveedor, haciendo Click en el botón *Nuevo* (**New**) > *Pagar Cuentas* (**Pay Bill**).

Con lo cual nos muestra las cuentas o facturas pendientes y al hacer un Click sobre el *Proveedor* (**Vendor**) observamos en el campo *Crédito Aplicado* (**Credit Applied**) los $195 que tenemos a favor, si queremos lo podemos modificar o borrar y dejarlo para otra cuenta o factura del mismo proveedor.

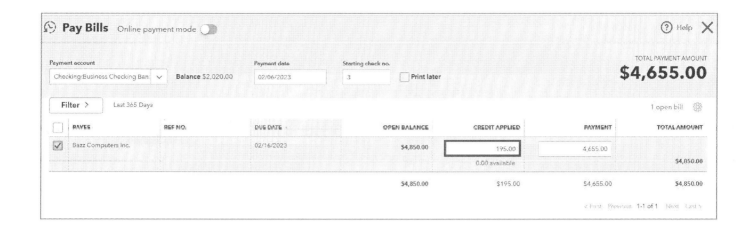

PAYEE	REF NO.	DUE DATE	OPEN BALANCE	CREDIT APPLIED	PAYMENT	TOTAL AMOUNT
Bazz Computers Inc.		02/16/2023	$4,850.00	195.00	4,655.00	
				0.00 available		$4,050.00
			$4,850.00	$195.00	$4,655.00	$4,850.00

< First   Previous   1-1 of 1   Next   Last >

MANEJO DE BANCOS (BANKING)

En este capítulo hablaremos del manejo de transacciones de bancos y su automatización, hemos visto que el manejo de *Gastos* (**Expenses**) lo hacemos manualmente uno por uno, al igual que los pagos de nuestros *Clientes* (**Customer Payments**), esto esta bien si tenemos pocas transacciones en nuestro banco o tarjeta de crédito, pero qué pasa si manejamos cientos o miles de transacciones y queremos que que queden registradas en nuestra contabilidad, esto podría llevar mucho tiempo.

QuickBooks Online tiene la forma de conectarse directamente con tu *Banco* (**Bank**) o Servicio de *Tarjeta de crédito* (**Credit Card**) con el fin de cargar las transacciones. De otra forma si por seguridad o incomodidad no quieres hacer esa conexión, QuickBooks Online te da la posibilidad de importarlas de un archivo Excel o un archivo CSV, la mayoría de instituciones bancarias tiene la opción de exportar las transacciones en formato CSV o formato Excel .XLSX.

CONECTANDO A TU BANCO (CONNECTING TO YOUR BANK)

Para efectos prácticos solo mostraremos cuales son los pasos generales para conectar a tu banco o institución financiera dado que en la realidad se requiere un *Usuario* (**User**) una *Clave* (**Password**) y una verificación extra por email o celular.

- **Paso 1.** Ir a la opción *Manejo de Bancos* (**Banking**) > *Manejo de Bancos* (**Banking**) de la barra de navegación.

- **Paso 2.** Click en el botón *Conectar Cuenta* (**Connect Account**).

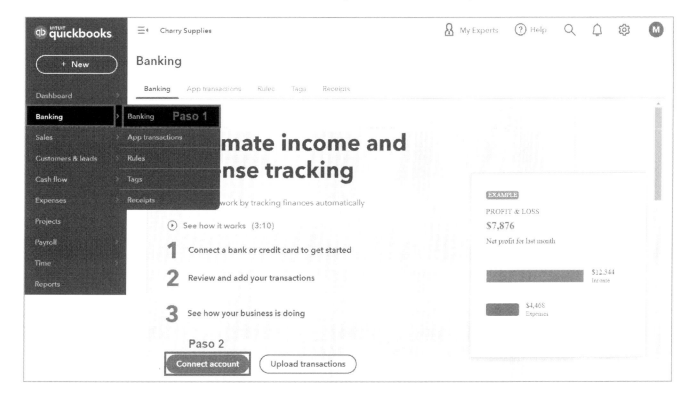

- **Paso 3.** Te muestra una lista de los bancos más populares (USA en nuestro caso). Podemos hacer una búsqueda escribiendo el nombre en el cuadro de texto en el caso de que no lo veamos en la lista inicial. Seleccionar el nombre del Banco y hacer Click.

- **Paso 4.** QuickBooks Online nos traslada a la página de *Acceso del Banco* (**Login**) que usas normalmente cuando te conectas a tu cuenta, escribimos el **Usuario** (Username) y la *Clave* (**Password**) y luego Click en el botón de *Iniciar Sesión* (**Sign In**) o en el botón *Conectar* (**Connect**).

  Nota : *La mayoría de las instituciones financieras te piden un Código de Verificación (**Verification Code**)) que te lo envían directamente a tu celular, es por motivos de seguridad.*

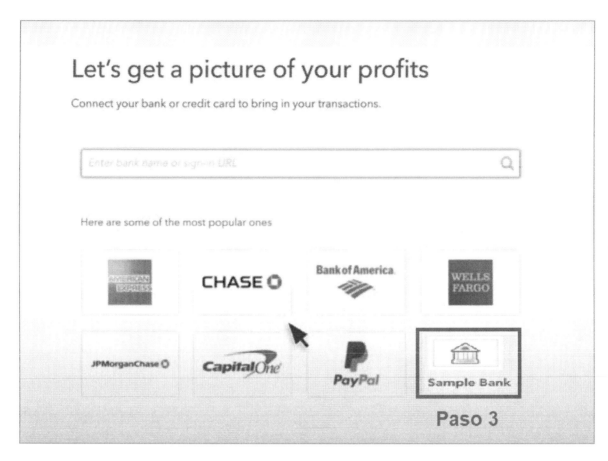

Paso 3

Paso 4

- **Paso 5.** Selecciona una o varias cuentas de tu banco que son relevantes a tu negocio (**Business Accounts**), no es recomendable usar tu *Cuenta Personal* (**Personal Account**) en esta conexión. Después Selecciona las cuentas que tienes definidas en QuickBooks Online que corresponden a tu *Plan de Cuentas* (**Chart of Accounts**) y las relacionas con las de tu banco.

- **Paso 6.** Seleccionar de la lista desplegable la fecha desde donde quieres traer las transacciones a QuickBooks Online, si no te sirve ninguna opción de la lista puedes definir una fecha específica escogiendo la opción *Personalizar* (**Customize**).

- **Paso 7.** Cuando todo esté listo haz Click en *Conectar* (**Connect**). QuickBooks Online correrá un proceso y observaras luego en la pestaña (**tab**) *Manejo de Bancos* (**Banking**) las transacciones importadas automáticamente y ordenadas por fecha.

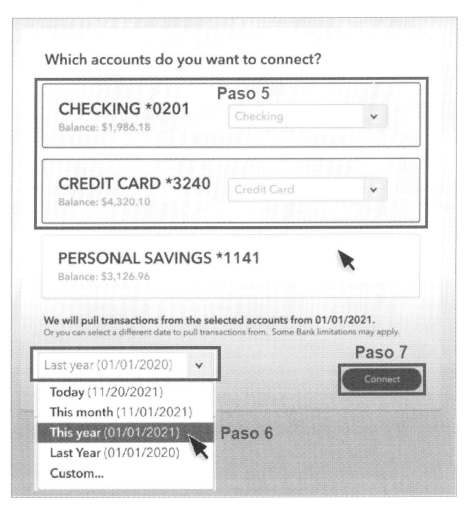

IMPORTANDO TRANSACCIONES DE TU BANCO (UPLOADING TRANSACTIONS)

Si no deseas conectar a tu banco directamente, puedes periódicamente *Cargar* (**Upload**) o importar las transacciones que previamente haz exportado de tu banco, el formato más usado es CSV. Hay que tener en cuenta que en ocasiones los *Archivos* (**Files**) CSV no contienen un *Encabezado* (**Header**) en la primera fila, ya que QuickBooks Online lo requiere para luego *Emparejar* (**Match**) cada columna con un campo de las transacciones manejadas por el programa. Dado este caso es necesario editar el archivo CSV que puede ser abierto por excel y agregar en la primera columna el encabezado.

	A	B	C	D	E
	Date	Description	MoneyOut	MoneyIn	
	01/03/2023	AMZN Mktp CA*HM120	55.8		
	01/05/2023	UBER * EATS PENDING	35.5		
	01/05/23	Amazon.ca*VHJLMI1	250.3		
	01/06/2023	UBER * EATS PENDING	47.5		
	01/08/20223	Paisa Rest. 0417	45.3		
	01/12/2023	Vendor Credit		140	
	01/13/2023	Jan's Consulting Services	120		
	01/13/2023	AMZN Mktp CA*351DN	140.2		
	01/17/2023	Perez Pedro ****		100	
	01/19/2023	UBER * EATS PENDING	80.2		
	01/23/2023	Google Ads CA**	43.8		

Para importar o cargar las transacciones seguimos los siguientes pasos, en nuestro caso cargaremos un archivo de ejemplo de transacciones de una tarjeta de crédito :

- **Paso 1.** Ir a la opción *Manejo de Bancos* (**Banking**) > *Manejo de Bancos* (**Banking**) de la barra de navegación.

- **Paso 2.** Click en el botón *Cargar Transacciones* (**Upload Transactions**).

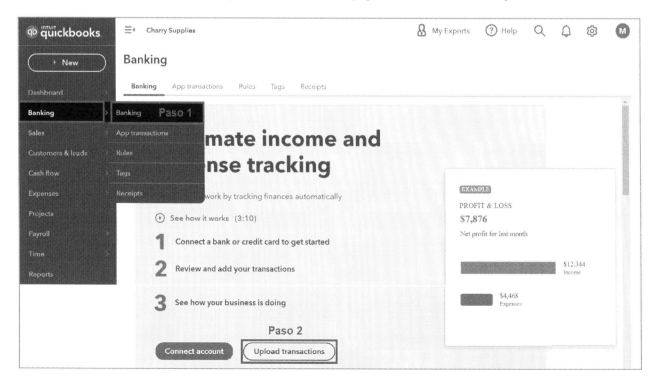

- **Paso 3.** Arrastrar o localizar y abrir el archivo .CSV y Click en *Abrir* (**Open**).

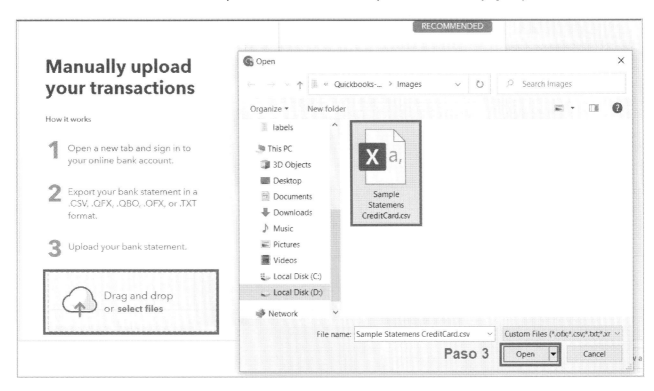

- **Paso 4.** Hacer Click en el botón *Continuar* (**Continue**).

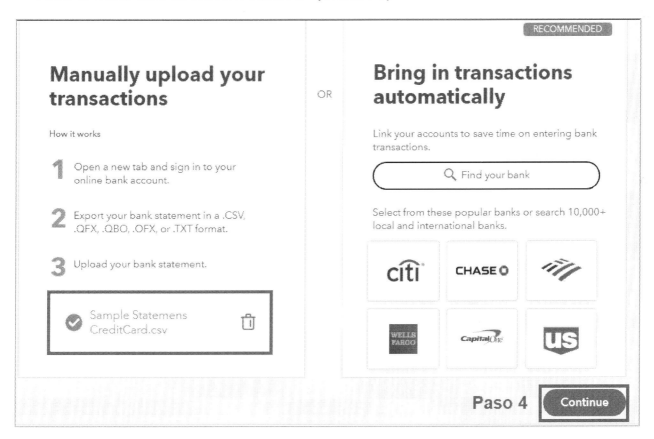

- **Paso 5.** Seleccionar de la lista desplegable la cuenta de bancos o tarjeta de crédito configurada en QuickBooks Online que se relaciona con estas transacciones y hacer Click en *Continuar* (**Continue**).

- **Paso 6**. Configurar el archivo a subir especificando el formato a usar, QuickBooks Online te presenta varias preguntas para seleccionar la respuesta de un lista desplegable.

  - *La primera fila de tu archivo tiene Encabezado ? (***Is the first row in your file a header?** Seleccionar Sí (**Yes**).

  - *¿Cuántas columnas presentan Montos o Valores ?* (**How many columns show amounts ?**), en nuestro caso son dos columnas una para dinero que sale (**Money Ou**t) y otra para dinero que entra (**Money In**).

  - *¿Qué Formato de Fecha está usando en su Archivo* ? (**What's the date format used in your file?**), seleccionamos *Mes/Día/Año* (**MM/DD/YYYY**) que es el más usado en USA.

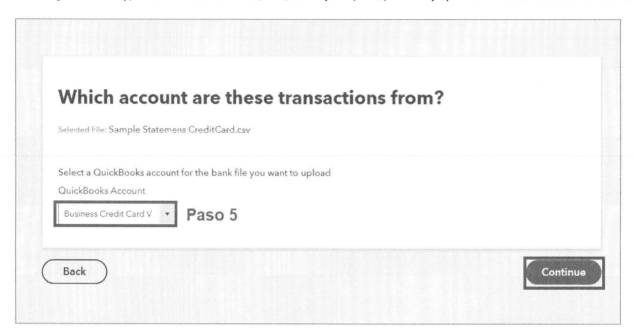

- **Paso 7.** Relacionar los Campos (**Fields**) de tu archivo con los de QuickBooks Online. Seleccionar la columna *Fecha* (**Date**), Seleccionar la columna *Descripción* (**Description**), Seleccionar la Columna de *Dinero Recibido* (**Money Received**) y Seleccionar la Columna de *Dinero Gastado* (**Money Spend**).

- **Paso 8.** Hacer Click en *Continuar* (**Continue**).

- **Paso 9.** Seleccionar las transacciones que quieres importar (**Which transactions do you want to add?**), en nuestro caso para el ejemplo seleccionamos todas haciendo Click en el cuadro de verificación del *Encabezado* (**Header**). y Click en *Continuar* (**Continue**).

Let's set up your file in QuickBooks

Step 1: Tell us about the format of your data

Is the first row in your file a header?

| Yes | ∨ |

Paso 6

How many columns show amounts?

| Two columns | ∨ |

What's the date format used in your file?

| MM/dd/yyyy | ∨ |

Step 2: Select the fields that correspond to your file

QuickBooks fields	Columns from your file
Date	Column 1: Date ∨
Description	Column 2: Description ∨
Amount	Money Received Column 4: MoneyIn ∨ Money Spent Column 3: MoneyOut ∨

Paso 7

Paso 8

Back   Continue

Which transactions do you want to add?

Paso 9

Select the transactions to import

☑	DATE	DESCRIPTION	AMOUNT
☑	1/3/2023	AMZN Mktp CA*HM120	-55.80
☑	1/5/2023	UBER * EATS PENDING	-35.50
☑	1/5/2023	Amazon.ca*VHJLMI1	-250.30
☑	1/6/2023	UBER * EATS PENDING	-47.50
☑	1/8/2023	Paisa Rest. 0417	-45.30
☑	1/12/2023	Vendor Credit	140.00

Continue

- **Paso 10.** Seleccionar Sí (**Yes**) ante la pregunta de que si deseas importar las transacciones (**Do you want to import now ?**)

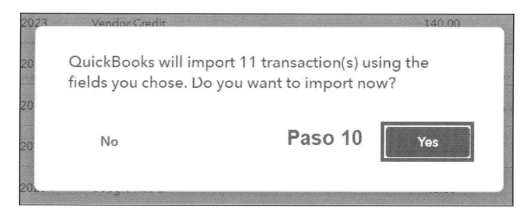

- **Paso 11.** Hacer Click en el botón Hecho (**Done**) cuando ha sido importada con éxito .

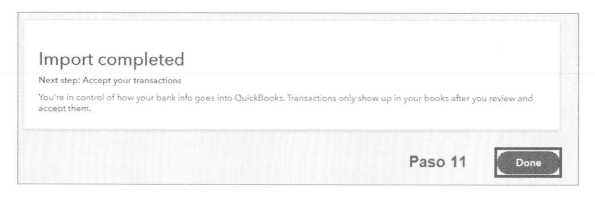

Una vez terminado el proceso, podemos ver las transacciones cargadas para revisión en la opción *Manejo de Bancos* (**Banking**) > *Manejo de Bancos* (**Banking**) en la pestaña Por Revisar (**For Review**).

CATEGORIZACIÓN DE TRANSACCIONES IMPORTADAS (UPLOADED TRANSACTIONS CATEGORIZATION))

Las transacciones importadas QuickBooks Online las ha clasificado en una categoría predeterminada, de acuerdo con la descripción, pero normalmente necesitamos cambiarlas a la categoría adecuada de acuerdo a nuestro plan de cuentas así como también excluir algunas que no representan transacciones de la empresa como por ejemplo gastos personales.

- **Paso 1.** Click en la opción *Manejo de Bancos* (**Banking**) > *Manejo de Bancos* (**Banking**) de la barra de navegación.

- **Paso 2.** Hacer Click en la *Pestaña* (**Tab**) *Para Revisar* (**For Review**), aquí podemos ver las transacciones pendientes por categorizar.

   *Nota : Si la categoría está correcta simplemente se hace click en Adicionar (**Add**) y queda plenamente categorizada, lo cual pasa la transacción a la pestaña de Categorizada (**Categorized**).*

- **Paso 3.** Hacer Click sobre la transacción, Seleccionar la *Categoría* (**Category**) en la lista desplegable, en nuestro ejemplo es un crédito de un proveedor por lo tanto podemos seleccionar el *Proveedor* (**Vendor**) de la lista desplegable.

- **Paso 4.** Hacer Click en *Adicionar* (**Add**).

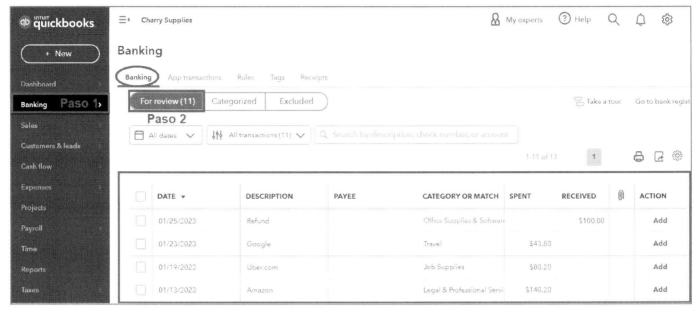

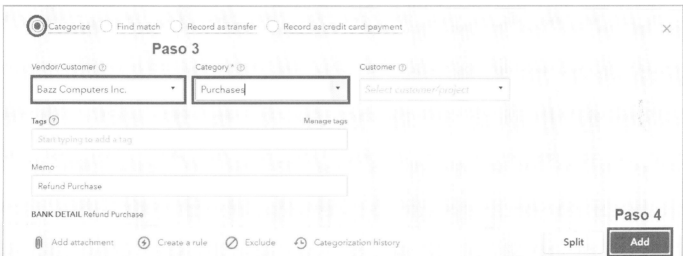

Para excluir una transacción porque no es de la empresa o algo personal hacer Click sobre la transacción, Ir a la opción *Excluir* (**Exclude**) ubicada en la parte inferior de la ventana y automáticamente pasa al área o pestaña *Excluidos* (**Excluded**).

La categorización es una labor tediosa y a veces compleja sobre todo si tenemos muchas transacciones y va de la mano con la conciliación bancaria, que no trataremos en esta guía, pero que se puede profundizar más el siguiente link de soporte y ayudas de QuickBooks :
https://QuickBooks.intuit.com/learn-support/es-mx.

CONFIGURANDO LA NOMINA (SETTING UP YOUR PAYROLL)

Como empleador tienes responsabilidades específicas que son requeridas por las agencias del gobierno. Estas agencias pueden ser federales, estatales, o locales. Algunas de estas responsabilidades incluyen la retención de montos de compensación de tus empleados para cubrir, *Impuestos* (**Income Tax**), *Seguro Social* (**Social Security**), seguro de salud (**Medicare**) y otros pagos.

SELECCIONANDO UN SERVICIO DE NÓMINA (CHOOSING A PAYROLL SERVICE)

Si utilizas QuickBooks Online para organizar tu *Nómina* (**Payroll**), es un servicio adicional que tienes que pagar mediante una suscripción mensual. Las opciones flexibles de QuickBooks Online te aseguran que obtendrás el servicio de nómina apropiado a tus necesidades contables. Consulta con un profesional de impuestos (**Profesional Tax Service**) o tu contador (**Accountant**) para determinar todas las necesidades específicas del negocio.

Para suscribirse al servicio de nómina, debes hacer:

- **Paso 1.** Ir a la opción *Nómina* (**Payroll**) > *Empleados* (**Employees**) de la barra de navegación.

- **Paso 2.** Hacer Click en el botón *Empezar* (**Get Started**).

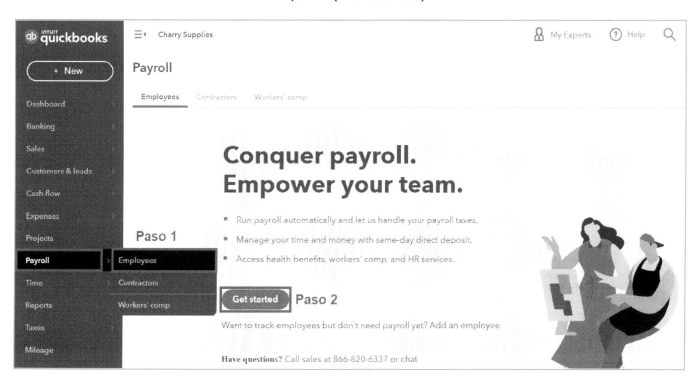

> **Nota :** *QuickBooks Online nos recomienda el servicio Premium que tiene varias características como Nómina Automática (**Automatic Payroll**), hacer Depósitos Directos el mismo Día (**Same Day Direct Deposit**), Administrar la Compensación a Trabajadores (**Worker Compensation Administration**) en caso de lesiones, entre otras cosas.*

- **Paso 3.** Hacer Click en el botón *Intentar Ya* (**Try Now**), para usar una *Versión de Prueba por 30 días* (**Trial for 30 Days**).

> **Nota :** *Observamos que la opción de Nómina Automática (**Automatic Payroll**) está desactivada, si queremos que QuickBooks Online genere todos los meses la nómina automáticamente, basado en la configuración inicial, la puedes habilitar haciendo Click sobre ella sin ningún costo adicional, pero otras opciones como Soporte de un Experto (**Support**), etc. te cobra un valor extra.*

Pay and manage your team–all inside QuickBooks

Select what you need. We'll recommend a plan that's right for you

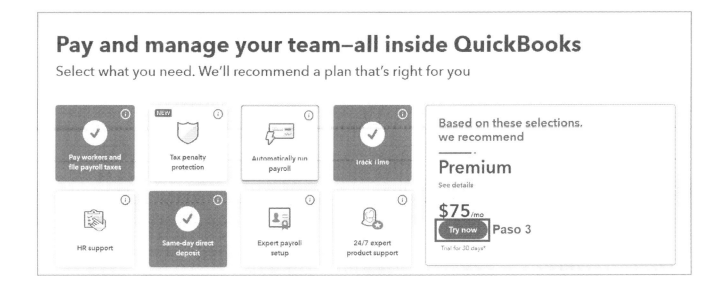

CONFIGURANDO NOMINA (SETTING UP PAYROLL)

Al igual que cuando configuras la empresa, QuickBooks Online usa una entrevista para la configuración (**Payroll Interview Setup**). Así que en los siguientes pasos te presentan un cuestionario :

- **Paso 1.** Click en el botón *Iniciar* (**Get Started**).

- **Paso 2.** *Haz pagado a tus Empleados este año* ? (**Have you Paid Employees in 2023?**), para nuestro ejemplo hacer Click en *Si* (**Yes**) y Click en *Próximo* (**Next**).

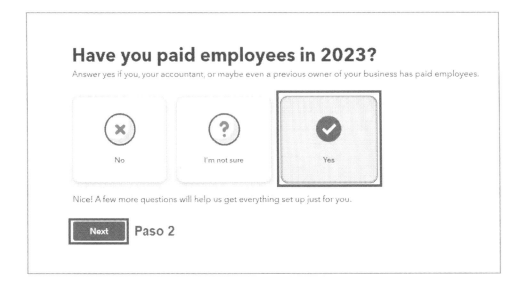

- **Paso 3.** *¿Cuándo es tu próxima Fecha de Pago* ? (**When is your next payday?**), marcar en el calendario el mes y el día y Click en *Próximo* (**Next**).

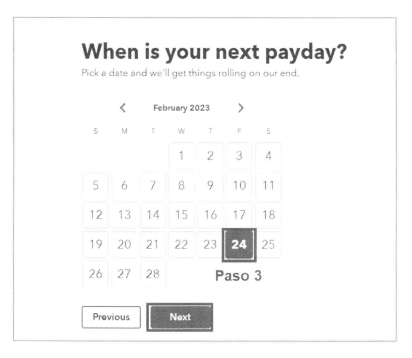

- **Paso 4.** *Cuál es la dirección o localización principal de la Empresa?* (**What's the primary work location?**). Podemos dejar como viene la información o modificarla dado el caso, *Nombre de la Empresa* (**Business Name**), *Dirección* (**Street Address**), *Ciudad* (**City**), etc. y Click en *Próximo* (**Next**).

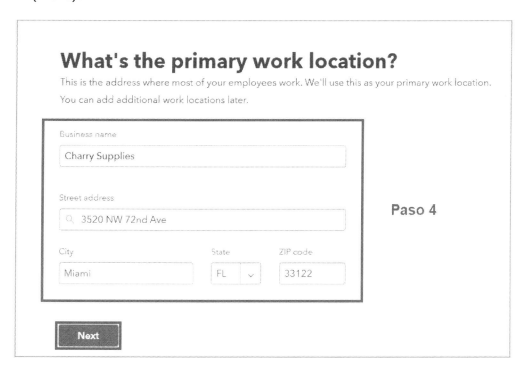

- **Paso 5.** *Quién es la persona a Contactar encargada de Nomina* ? (**Who's your Payroll Contact?**). Dejar la información como esta o modificar los datos de la persona en caso de que se requiera contactar por email o por teléfono para avisar acerca de actualizaciones del programa, cosas pendientes o incompletas de la nómina generada, etc. Hacer Click en *Próximo* (**Next**).

- **Paso 6.** *Qué otro Programa ha usado para generar la Nómina* ? (**What did you use to run Payroll?**), en nuestro caso hacer Click en *Hoja Electrónica* (**Spreadsheets**) y Click en *Próximo* (**Next**).

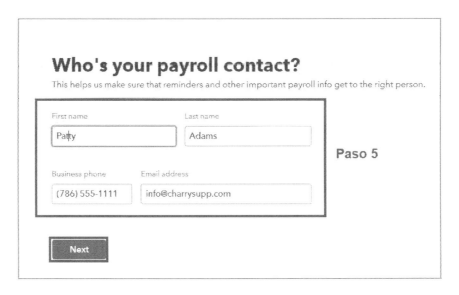

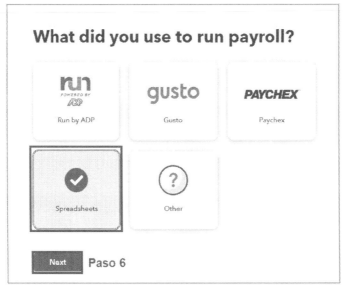

- **Paso 7.** *Cómo te gustaría adicionar tus Empleados* ? (**How would you like to add your team?**). Te da la opción de hacerlo manualmente o importarlo de una hoja electrónica, de acuerdo a la respuesta del anterior paso. Para efectos prácticos Click en *Adicionar Empleado Manualmente* (**Add Team Manually**), y Click en *Próximo* (**Next**).

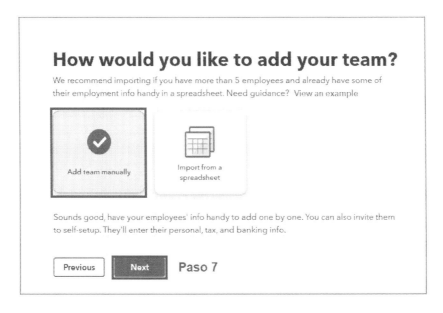

CONFIGURANDO NOMINA - ADICIONANDO EMPLEADOS (ADD EMPLOYEES)

Del proceso anterior nos podemos salir sin que se borre la información dada, para retornar al proceso de adicionar empleados posteriormente. Esta configuración implica recopilar información del empleado como : número de seguro social, salario, frecuencia de pago, comisiones, bonos, información de impuestos, beneficios de salud, visión, ahorros, etc. de tal modo es importante que la persona que haga esto tenga conocimientos adecuados de pagos de nómina o sea un contador.

- **Paso 1.** Ir a la opción *Nómina* (**Payroll**) > *Empleados* (**Employees**) de la barra de navegación.

- **Paso 2.** Click en el botón *Empezar* (**Start**) de la sección *Háblanos acerca de tu Equipo de Empleados* (**Tell us about your team**).

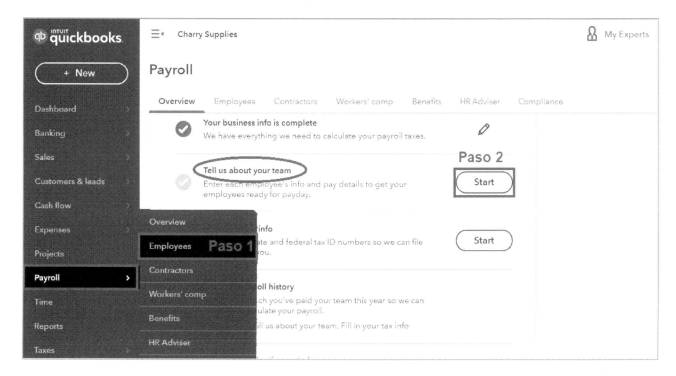

- **Paso 3.** Adicionar el *Nombre* (**First Name**), *Apellido* (**Last Name**) y el *Correo Electrónico* (**email**), luego QuickBooks Online le envía un email con un link de invitación al empleado para que pueda ver sus pagos y la información de sus formas de impuestos (W2,1099). Hacer Click en el botón *Adicionar Empleado* (**Add Employee**).

  *Nota : En la parte inferior observamos que esta habilitada la opción Auto-configuración del Empleado (**Employee Self-setup**) esto hace que el empleado posteriormente llene las formas para manejo de impuestos (W4) basada en una forma del año pasado, como se dijo anteriormente es recomendable tener toda la información recopilada del empleado para que QuickBooks Online realice los cálculos correspondientes en forma correcta cuando genere la nómina.*

- **Paso 4.** La opción anterior nos envía a la sección de *Detalles de Empleo* (**Employment Details**), hacer Click en el botón *Iniciar* (**Start**).

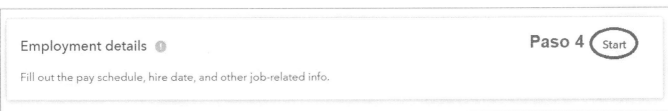

- **Paso 5.** Escribir la Fecha que *Inició a Trabajar con la Empresa* (**Hire Date**).

- **Paso 6.** Seleccionar el *Horario de Pago* (**Pay Schedule**) y hacer Click en *Adicionar Horario de Pago* (**Add Pay Schedule**).

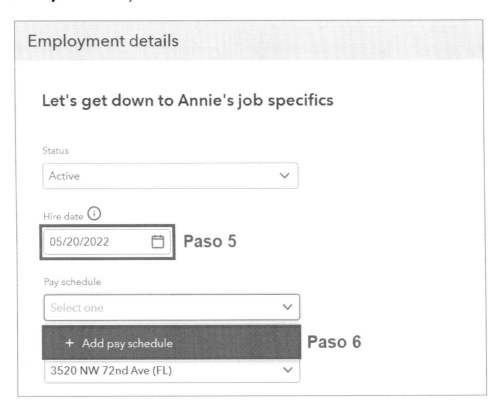

- **Paso 7.** QuickBooks Online muestra una ventana para detallar mejor la información acerca del pago. Seleccionar la *Frecuencia de Pago* (**Pay Frequency**), Seleccionar la *Fecha del Próximo Pago* (**Next Pay**), Seleccionar la *Fecha Final del próximo periodo de Pago* (**End The next Period**), En la parte derecha se observan los días de pago exactos de acuerdo a los parámetros dados. Hacer Click en el botón *Guardar* (**Save**).

  Nota : *En nuestro ejemplo aunque el periodo de pago es cada 15 días, no se paga exactamente los días 15 de cada mes, es muy común elegir el viernes como día de pago, por lo tanto se seleccionó como frecuencia la Siguiente Semana de la que no hay Pago (**Every Other Week**).*

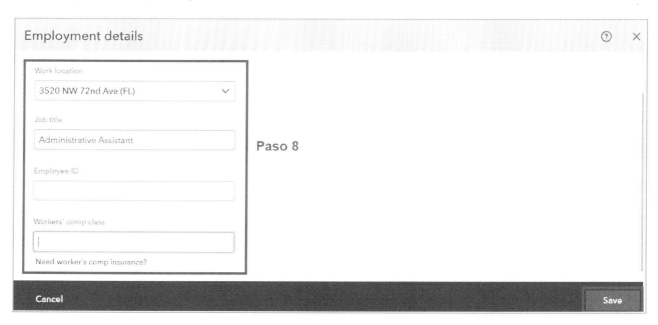

- **Paso 8.** Seleccionar la *Localización del Trabajo* (**Work Location**) en caso de que existan varias *Sedes* (**Branch**), de lo contrario dejar la predeterminada, escribir el *Nombre del Trabajo que desempeña* (**Job Title**). Al terminar todo hacer Click en el botón *Guardar* (**Save**).

  Nota : *El Identificador del Empleado (**Employee ID**) y el Seguro de Compensación (**Worker Compensation**) son opcionales.*

- **Paso 9.** Ir a la sección *Método de Pago* (**Payment Method**) y Click en *Editar* (**Edit**) y hacer de nuevo Click en *Editar* (**Edit**). Esto lo debe hacer el empleado mediante un correo que le llega allí tiene que poner los datos completos de su cuenta de banco como el *Número de Ruta* (**Routing Number**) y el *Número de la Cuenta* (**Account Number**).

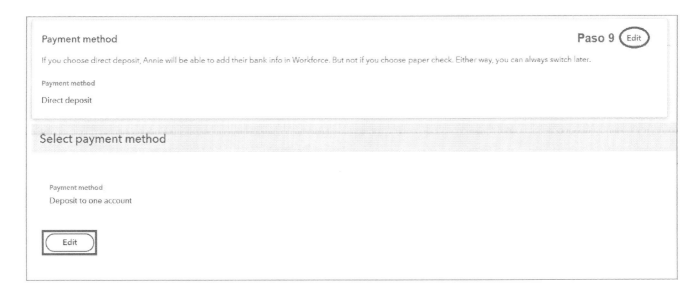

- **Paso 10.** Ir a la sección *Tipos de Pago* (**Pay Types**) y Click en *Iniciar* (**Start**).

- **Paso 11.** Seleccionar el *Tipo de Pago* (**Pay Type**) de la lista desplegable, si es por hora (hourly) , un Salario Anual Fijo (**Salary**) o solo por comisiones. Escribir el *Valor por Hora* (**Rate per Hour**), escribir el número de *Horas por Dia* (**Hours per Day**), escribir el *Numero de Dias por Semana* (**Days per Week**).

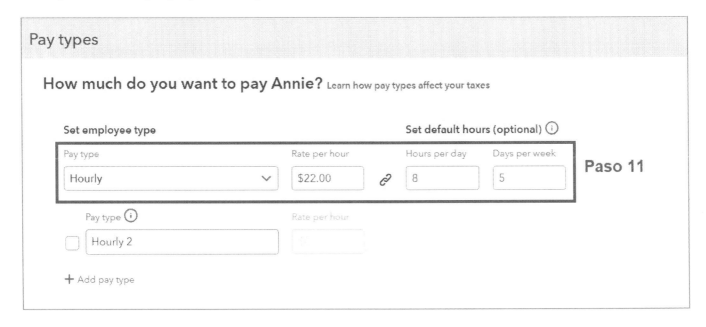

- **Paso 12.** Si trabaja *Tiempo Extra* (**Overtime**), *Festivos* (**Holidays**), recibe *Bonos* (**Bonus**), recibe *Comisiones* (**Commissions**), etc. Ir a la sección *Pagos Comunes* (**Common Payments**) y marcar las opciones correspondientes.

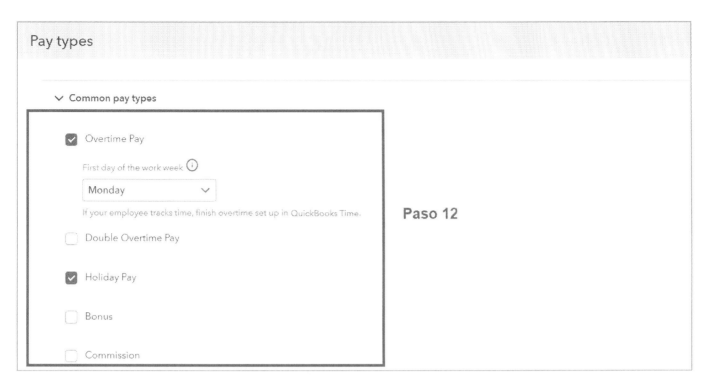

Paso 12

Nota : Si marca que trabaja algunas veces *Tiempo Extra* (**Overtime**) entonces debes seleccionar cuál es el *Primer Día de trabajo de la Semana* (**First Day of the work Week**).

- **Paso 13.** Si el empleado recibe *Tiempo Libre No Pago* (**No Paid Time Off**), *Tiempo Libre pago* (**Paid Time Off**), *Tiempo por Enfermedad* (**Sick Pay**), *Vacaciones* (**Vacation Pay**), entonces seleccione la lista desplegable correspondiente.

  En nuestro caso seleccionamos *Adicionar Nueva Regla para Tiempo Libre Pago* (**Add New Paid Time Off Policy**), escribimos el número de horas por Año (**Hour Per Year**) y el Número Máximo de Horas por Año Permitidas (**Maximum Allowed**) y en forma predeterminada seleccionamos que se accumulen (**Hours are Accrued**) en cada *Periodo de Pago* (**Each Pay Period**). Escribir alguna descripción de esta regla, en nuestro caso esas horas deben ser usadas para visitas médicas.

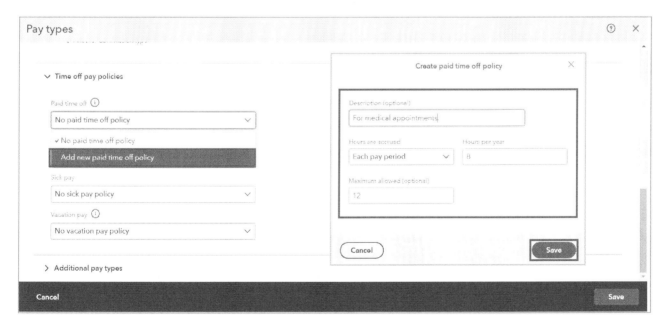

También Agregaremos tiempo para vacaciones, hacer Click en *Adicionar Nueva Regla para Vacaciones* (**Add New Vacation Pay Policy**), escribimos las *Horas por Año* (**Hours per Year**) que comúnmente usan las compañías en USA que son 80 horas es decir 2 semanas y opcionalmente escribimos el número *Máximo de Horas Permitidas* (**Maximum Allowed**), ponemos alguna descripción si queremos y hacemos click en el botón *Guardar* (**Save**).

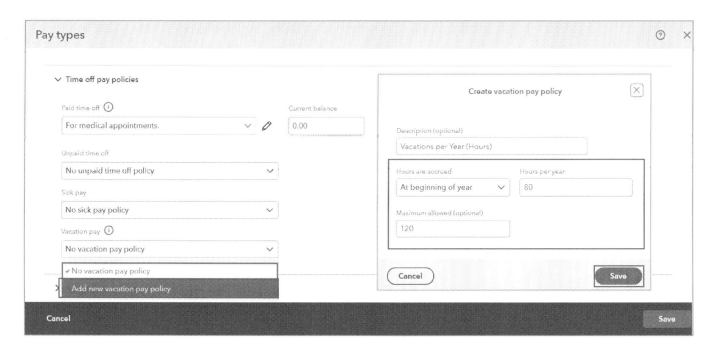

- **Paso 13.** Opcionalmente hay otros *Tipos Pagos Adicionales* (**Additional Pay Tpes**) que se pueden configurar como *Prestaciones* (**Allowance**), *Reembolsos* (**Reimbursement**) etc. Terminado este proceso hacer Click en el botón *Guardar* (**Save**).

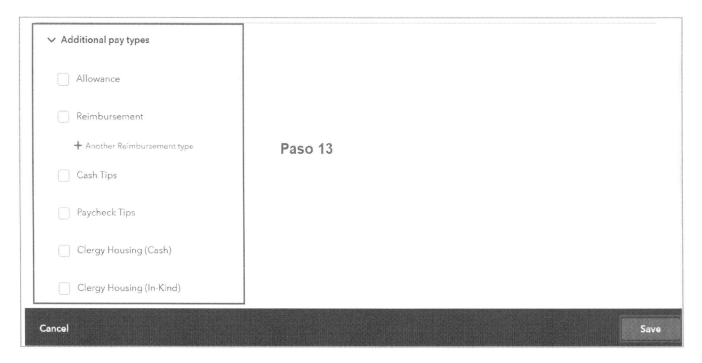

- **Paso 14.** Por último para completar toda la configuración del empleado, ir a la sección *Deducciones y Contribuciones* (Deductions and Contributions) y Click en el botón *Iniciar* (**Start**).

- **Paso 15.** Hacer Click en el link Adicionar Deducciones/Contribuciones (**Add Deduction / Contribution**). En nuestro ejemplo vamos a crear una deducción por *Seguro Médico* (**Health Insurance**).

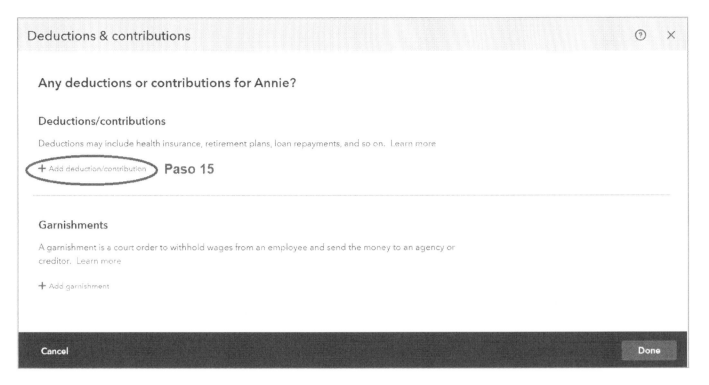

- **Paso 16.** Seleccionar el *Tipo Deducción/Contribución* (**Deduction/Contribution Type**), Seleccionar el *Tipo* (**Type**), Escribir la *Descripción* (**Description**), Si es un valor constante dejamos el campo *Calculado Como* (**Calculated as**) un *Valor Fijo* (**Flat Amount**), escribimos el *Monto Deducido en cada Pago* (**Amount Per Paycheck**), Seleccionar si se deuce antes que otros taxes sean deducidos (**Pre-Tax insurance Premium**), Escribir el *Monto* que contribuye la empresa (**Amount per Paycheck**) como un Monto Fijo (**Flat Amount**). Click en el botón *Guardar* (**Save**).

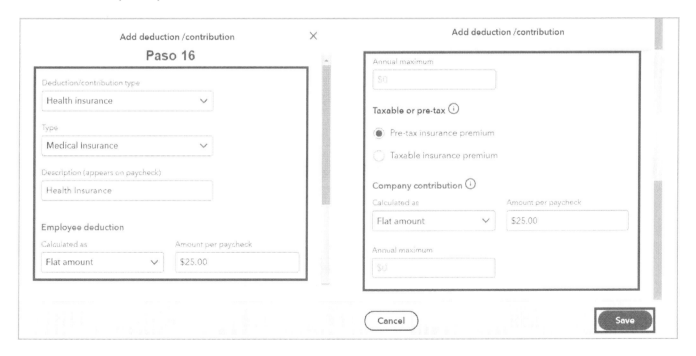

- **Paso 17.** Click en Hecho (**Done**).

OTRAS CONFIGURACIONES DE NÓMINA

Una vez se han adicionado y configurado los empleados, se tienen que revisar otros parámetros adicionales en el *Menú de Configuración* (**Gear Menu**), para esto seguimos los pasos :

- **Paso 1.** Ir al *Menú de Configuración* (**Gear Menu**) cuyo icono es la rueda dentada y Click en la opción *Parámetros de Nómina* (**Payroll Settings**).

- **Paso 2.** Ir a la Sección *Impuestos Federales* (**Federal Tax**) y hacer Click en el icono del lápiz para editar la información. Escribir el *Número de Identificación de Impuestos* (**EIN Number**) de tu empresa, Seleccionar qué *Formato o Formas de Nómina* (**Which Payroll tax Form do you file**) se enviará al *Departamento de Impuestos* (**IRS**), el más común es la forma o formato 941 que se entrega cada trimestre (**Form 941 Quarterly**), Seleccionar de la lista desplegable *Cada Cuanto hace y paga los Impuestos* (**How often do you file and pay your taxes?**). Si tiene dudas pregunta a tu contador para no tener contratiempos con el departamento de impuestos, por último hacer Click en el botón *Guardar* (**Save**).

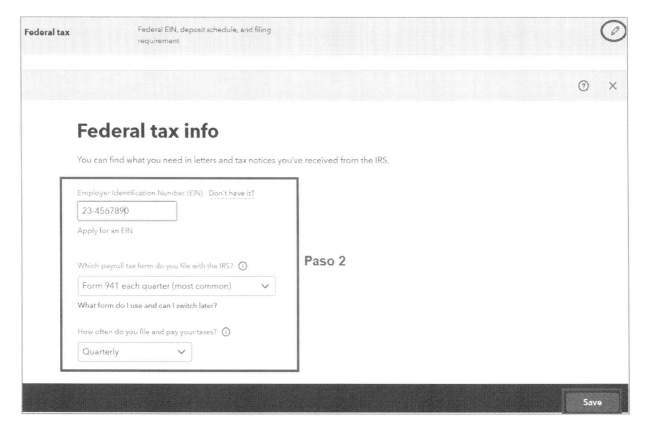

- **Paso 3.** Ir a la Sección *Impuestos de la Florida* (**Florida Tax**) y hacer Click en el icono del lápiz, aquí tienes que escribir información para la *Oficina de Desempleo* (**Unemployment Office**) de cada estado en nuestro caso la empresa está localizada en el estado de Florida. Escribir el *Número Cuenta del Empleador* (**Department of Revenue RT Account No**.) cada empresa empleadora debe pagar impuestos de desempleo el cual es un programa federal que recauda este dinero y lo usa como compensación al trabajador cuando pierde su empleo. Escribir la tarifa en *Porcentaje del Seguro de Desempleo* (**Unemployment Insurance**), esta varia por cada estado en la florida para nuevas empresas es 2.7%.

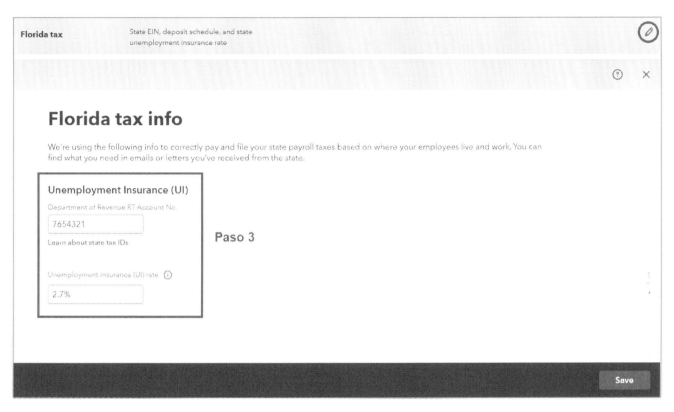

- **Paso 4.** Ir a la sección de *Cuentas de Banco* (**Bank Accounts**), para configurar la cuenta de banco donde saldrá el dinero para hacer depósito directo a los empleados. Click en el icono del lápiz para adicionar o modificar la información. Click en el botón *Empezar* (**Get Started**).

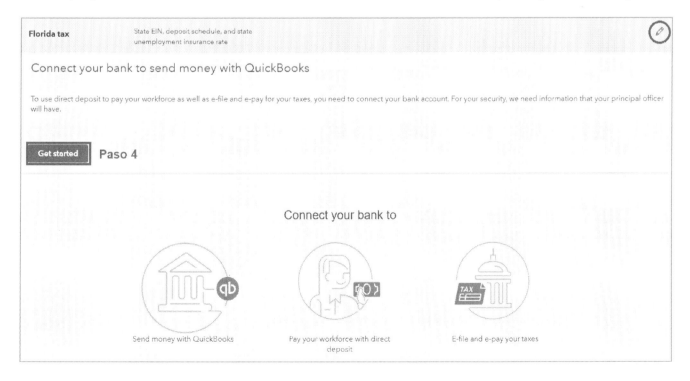

Hacer Click en la Opción *Acerca del Encargado de la Empresa* (**About your Principal Officer**), esta persona es la que se encuentra registrada en la cuenta de banco de la empresa y por lo tanto responsable de la salida de dinero, comúnmente es uno de los dueños (**Owner**). Escribir los datos de *Nombre* (**First Name**), *Apellido* (**Last name**), *Cargo* (**Bussiness Title**), *Direccion* (**Address**), *Telefono* (**Mobile Phone**), *Fecha de Nacimiento*(**Date of Birth**) y los *Ultimos 4 Numeros del Seguro Social* (**Last 4 Digits SS**) y Hacer Click en *Próximo* (**Next**).

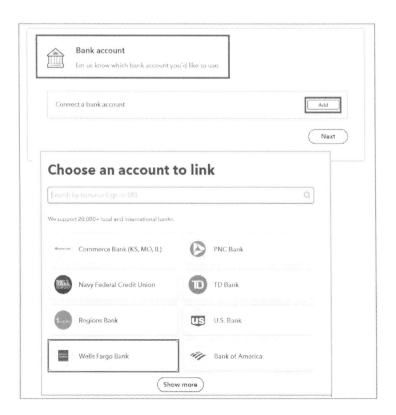

Hacer Click en *Cuentas de Banco* (**Bank Account**) para conectarse automáticamente con el banco y traer la información o hacerla manualmente. Click en *Adicionar* (**Add**) y Seleccionar el Banco de la Lista.

Hacer Click en la opción *Entrar la Información de la Cuenta Manualmente* (**Enter Account Info Manually**) y escribir *El Nombre del Responsable de la Cuenta* (**Account Holder Name**), *Número de Ruta* (**Routing Number**), El *Número de Cuenta* (**Account Number**) y Confirmar el *Número de Cuenta* (**Account Number**), Por último Hacemos Click en *Próximo* (**Next**) para guardar la información.

Cuando ya se ha configurado la mayoría de parámetros, se procede a generar la nómina esto requiere una guía aparte ya que es un proceso de cuidado y requiere continuos ajustes.

VER COMO ESTA SU NEGOCIO (SEE HOW YOUR BUSINESS IS DOING)

VISUALIZACIÓN DE LA INFORMACIÓN - PANEL PRINCIPAL (BUSINESS OVERVIEW)

El *Panel Principal* (**Dashboard**) > *Visión del Negocio* (**Business Overview**), te proporciona de una manera visual el desempeño de diferentes indicadores de la empresa durante el presente o anterior año fiscal. El dashboard presenta indicadores que más comúnmente afectan tu negocio como el *Flujo de Caja* (**Cash Flow**), *Pérdidas y Ganancias* (**Profit and Loss**), *Gastos* (**Expenses**), *Facturas* (**Invoices**), *Cuentas de Banco* (**Bank Accounts**), *Ventas* (**Sales**) desplegando la información con diferentes tipos de gráficas.

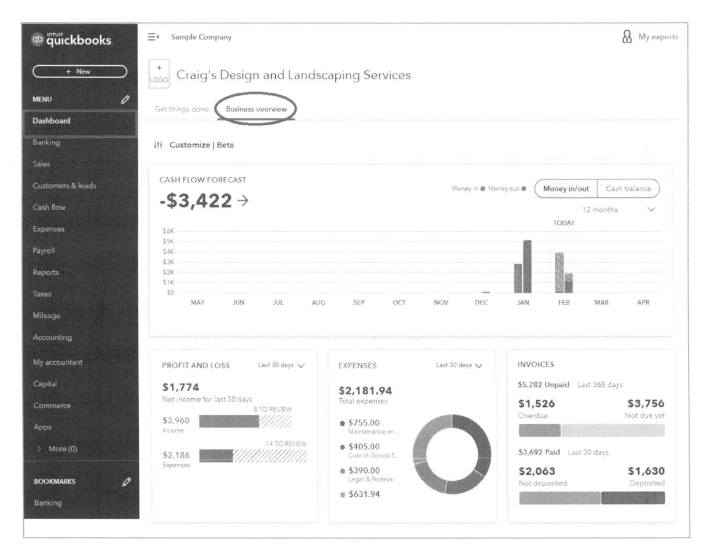

- **A.** En cada gráfica puedes escoger diferentes periodos de tiempo como *Este Mes* (**This Month**), *Este Trimestre* (**This Quater**), el *Año Pasado* (**Last Year**), *6 Meses* (**6 Months**), *Últimos 30 Dias* (**Last 30 Days**), etc.

- **B.** Moviendo el cursor sobre la gráfica se observan los valores o cantidades totales y haciendo doble Click puedes ver el detalle de las transacciones que originan el total.

- **C.** Si no se desea que otras personas vean el dashboard, se puede deshabilitar usando la opción *Privacidad* (**Privacy**) deslizandola hacia la izquierda.

- **D.** Haciendo Click en la opción *Personalizar* (**Customize**), puedes mover las gráficas Arrastrandolas (**Drag and Drop**), de acuerdo a tus prioridades de visualización.

Nota : Cabe decir que el Dashboard de QuickBooks Online no se puede cambiar ni en colores , tipos de gráfica, escalas etc, es un formato visual simple y general, si requieres gráficas más elaboradas tendrias que exportar los datos y usarlos en una hoja de cálculo como excel o plataformas visuales como Power BI, tableau etc.

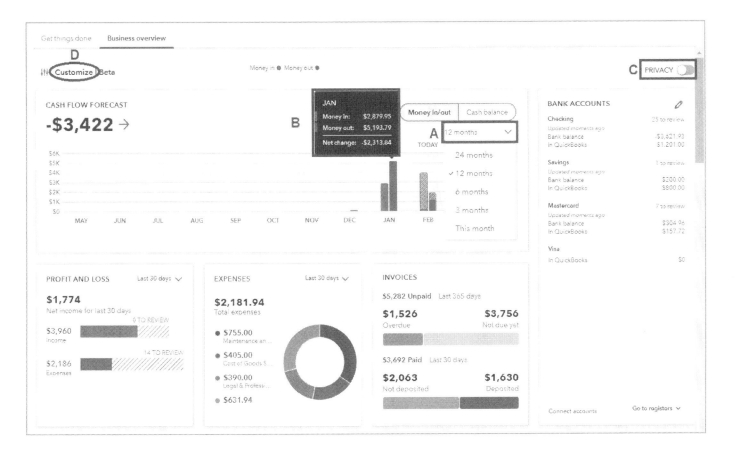

REPORTES (REPORTING)

Toda la información de QuickBooks Online puede ser encontrada, organizada y presentada mediante un reporte. QuickBooks Online suministra más de 100 reportes y mediante la opción *Reportes* (**Reports**) de la barra de navegación te hace más fácil acceder a cualquier reporte.

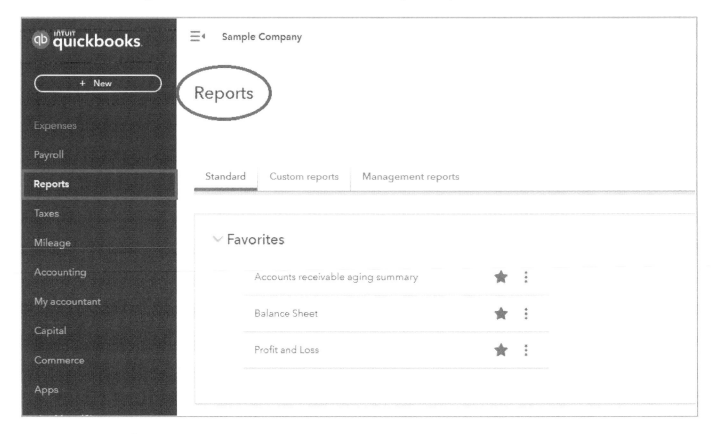

REPORTES ESTÁNDAR (STANDARD REPORT)

La primera pestaña en la opción de reportes, te muestra los reportes más usados de las diferentes secciones y áreas de la empresa como :

- ➢ *Visión General del Negocio* (**Business Overview**)
- ➢ *Quién te Debe* (**Who Owes you**)
- ➢ *Ventas y Clientes* (**Sales and Customers**)
- ➢ *A Quién tú le Debes* (**What You Owe**)
- ➢ *Gastos y Proveedores* (**Expenses and Providers**)
- ➢ *Impuesto a las Ventas* (**Sales Tax**)
- ➢ *Empleados* (**Employees**)
- ➢ *Para mi Contador* (**For my Accountant**)
- ➢ *Nómina* (**Payroll**).

Si quieres buscar un reporte específico, puedes utilizar la caja de búsqueda ubicada en la parte superior derecha escribiendo la palabra clave del nombre del reporte, la cual te desplegará todos los reportes relacionados con la búsqueda.

Si necesitas tener una lista de los más importantes, puedes añadirlos a *Favoritos* (**Favorites**) haciendo Click sobre el icono de la estrella, asi cuando ingreses a la página de reportes aparezca en la primera parte de la ventana.

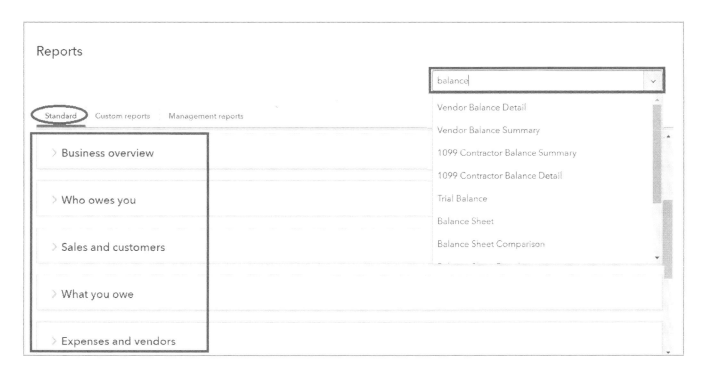

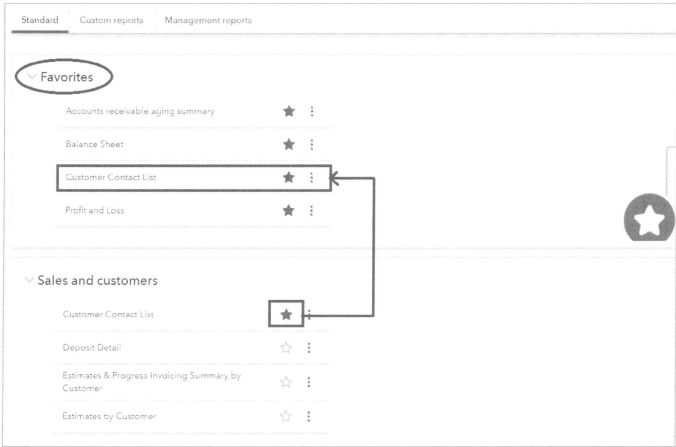

Para ver otros reportes gráficos ir a la sección *Visión General del Negocio* (**Business Overview**) y Click en el reporte *Fotografia del Negocio* (**Business Snapshot**).

En este reporte puedes ver en una gráfica de *Torta* (**Pie**) para los *Ingresos* (**Income**) y los *Gastos* (**Expenses**) en varios periodos de tiempo, en la parte inferior muestra una gráfica de barras de comparación de estos con un periodo del año anterior, así mismo en la parte inferior puedes observar una lista de los *Clientes que te Deben* (**Who Owes me**) y los *Proveedores a quien les Debes* (**Who I Owe**)

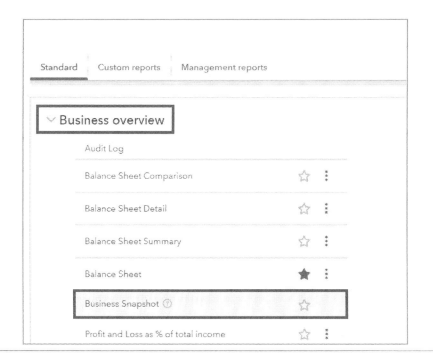

Business Snapshot

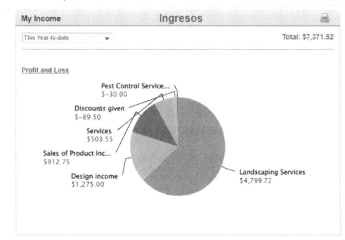

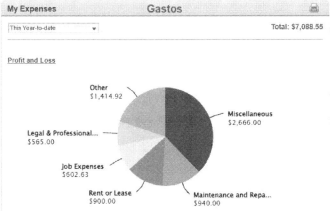

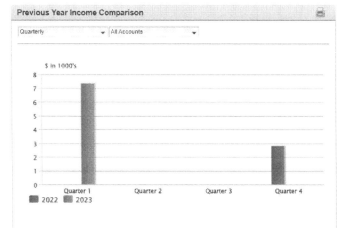

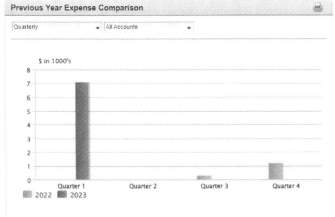

Who Owes Me — Quién me debe

Total: $5,281.52

Customer	($)Amount Due ▼
Paulsen Medical Supplies	954.75
Geeta Kalapatapu	629.10
Freeman Sporting Goods	562.50
Freeman Sporting Goods:0969 Ocean View Road	477.50
John Melton	450.00

Whom I owe — A Quién le debo

Total: $1,602.67

Vendor	($)Amount Due ▼
Diego's Road Warrior Bodyshop	755.00
Robertson & Associates	315.00
Brosnahan Insurance Agency	241.23
Norton Lumber and Building Materials	205.00
PG&E	86.44

PARTES O SECCIONES DE UN REPORTE (PARTS OF A REPORT)

Para nuestro ejemplo utilizaremos el reporte de Informe de *Estados de Flujo de Efectivo* (**Statement of Cash Flows Report**), donde veremos las partes generales a tener en cuenta cuando se genera un reporte. La parte principal de un reporte son los *Filtros* (**Filters**) donde se especifican los parámetros como rangos de fecha, que columnas queremos desplegar, si va detallado o solo por totales entre otras cosas, esto filtra una información en algo mas especifico. Otro aspecto es cuál va ser la vía de salida del reporte, si se enviará por email, a la impresora o se exportará como hoja excel o formato PDF.

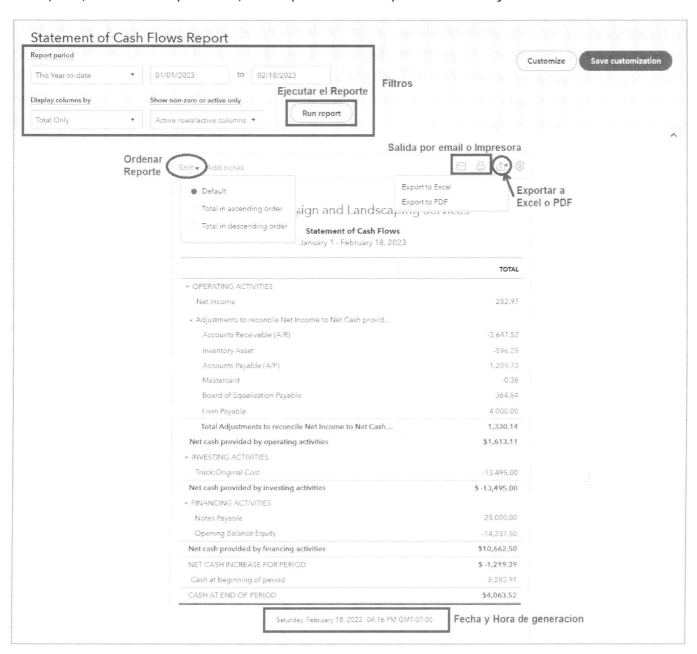

REPORTES PERSONALIZADOS (CUSTOMIZED REPORTS)

Algunas veces los reportes standard no se adecuan a como queremos visualizar la información, QuickBooks Online permite hacer ciertas modificaciones al reporte como modificar títulos, agregar o quitar columnas, cambiar el formato de números, establecer filtros predeterminados, etc. para luego guardarlo con un nombre y usarlo posteriormente. El reporte queda almacenado en la pestaña de *Reportes Personalizados* (**Custom Reports**).

Para nuestro ejemplo usaremos el reporte llamado *Estado de Pérdidas y Ganancias por Cliente* (**Profit & Loss by Customer**) al cual le haremos unas pequeñas modificaciones para mostrar cómo se puede personalizar haciéndolo los siguientes pasos :

- **Paso 1.** Abrir el Reporte *Estado de Pérdidas y Ganancias por Cliente* (**Profit & Loss by Customer**), localizado en la sección de *Estándar* (**Standard**) > *Visión General del Negocio* (**Business Overview**).

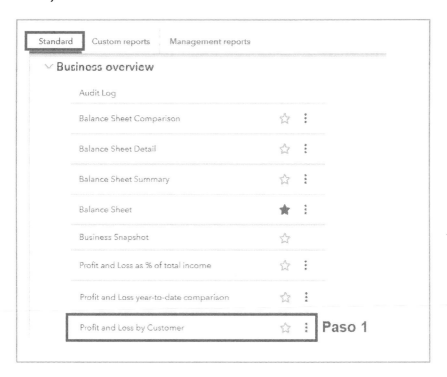

- **Paso 2**. Hacer Click en el botón *Personalizar* (**Customize**).

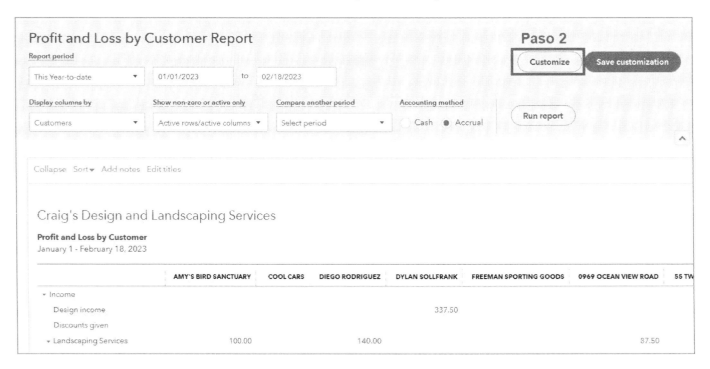

- **Paso 3.** Hacer los cambios respectivos, en nuestro caso :

  - Mostrar en *Rojo los Números Negativos* (**Show in Red Negative Numbers**).

  - Hacer Click en *Cambiar Columnas* (**Change Columns**) y Agregar la Columna %Column

  - Filtrar y Seleccionar los 3 Clientes principales.

  - Cambiar el *Título del Reporte* (**Report Tile**).

  - Quitar el *Titulo de pie de Página* (**Footer Title**).

- **Paso 4.** Click en *Ejecutar Reporte* (**Run Report**), para guardar los cambios en el momento de la personalización y ver una vista previa del reporte.

- **Paso 5.** Click en el botón *Guardar Personalización* (**Save Customization**), omitir la opción de adicionarlo a un grupo, agregar un nombre en *Nombre de Reporte Personalizado* (**Custom Report Name**) y hacer Click en *Guardar* (**Save**)

- **Paso 6.** Hacer Click en la pestaña *Reportes Personalizados* (**Custom Reports**) y observamos que está allí guardado para su uso posterior.

Profit and Loss by Top 3 Customer Report

Paso 5

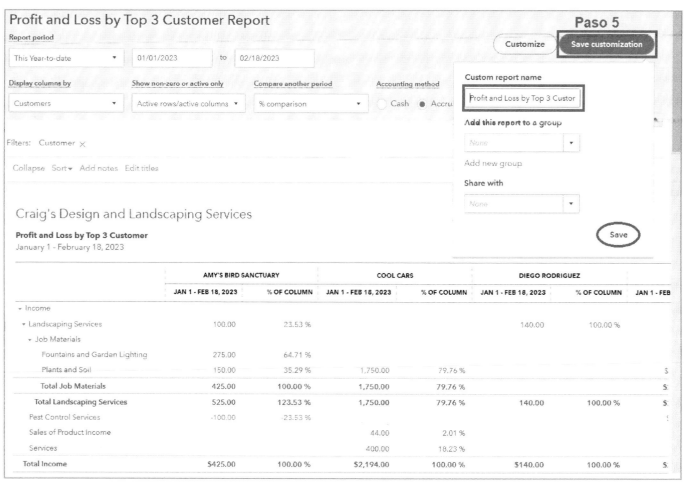

Report period

| This Year-to-date ▼ | 01/01/2023 | to | 02/18/2023 |

Customize | Save customization

Custom report name

Profit and Loss by Top 3 Custor

| Display columns by | Show non-zero or active only | Compare another period | Accounting method |
| Customers ▼ | Active rows/active columns ▼ | % comparison ▼ | ○ Cash ● Accru |

Add this report to a group

None ▼

Add new group

Filters: Customer ×

Collapse Sort ▾ Add notes Edit titles

Share with

None ▼

Craig's Design and Landscaping Services

Profit and Loss by Top 3 Customer
January 1 - February 18, 2023

Save

	AMY'S BIRD SANCTUARY		COOL CARS		DIEGO RODRIGUEZ		
	JAN 1 - FEB 18, 2023	% OF COLUMN	JAN 1 - FEB 18, 2023	% OF COLUMN	JAN 1 - FEB 18, 2023	% OF COLUMN	JAN 1 - FEB
▾ Income							
▾ Landscaping Services	100.00	23.53 %			140.00	100.00 %	
▾ Job Materials							
Fountains and Garden Lighting	275.00	64.71 %					
Plants and Soil	150.00	35.29 %	1,750.00	79.76 %			$
Total Job Materials	425.00	100.00 %	1,750.00	79.76 %			$:
Total Landscaping Services	525.00	123.53 %	1,750.00	79.76 %	140.00	100.00 %	$:
Pest Control Services	-100.00	-23.53 %					$
Sales of Product Income			44.00	2.01 %			
Services			400.00	18.23 %			
Total Income	$425.00	100.00 %	$2,194.00	100.00 %	$140.00	100.00 %	$:

Reports

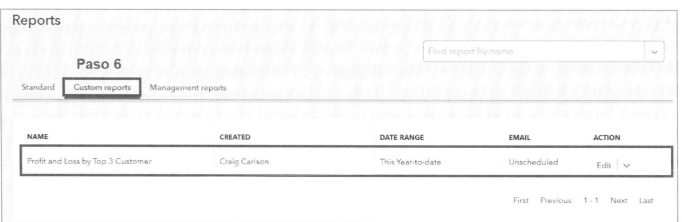

Paso 6

| Find report by name | ⌄ |

Standard | **Custom reports** | Management reports

NAME	CREATED	DATE RANGE	EMAIL	ACTION
Profit and Loss by Top 3 Customer	Craig Carlson	This Year-to-date	Unscheduled	Edit | ⌄

First Previous 1 - 1 Next Last

CERRANDO LOS LIBROS CONTABLES (YEAR-END CLOSING)

Después de que haz impreso todos los informes del fin de año, hayas ingresado cualquier asiento de diario necesario y archivado tus impuestos, es tradicional pasar por el ejercicio de cerrar los libros. Típicamente, el cierre de los libros ocurre algún tiempo después del final del año fiscal, por lo general dentro del primer mes del próximo año fiscal, tan pronto como se han archivado todas las formas fiscales comerciales.

Tú cierras los libros para bloquearlos de modo que ningún usuario no autorizado pueda añadir, quitar, o cambiar cualquier transacción Después de haber presentado los impuestos sobre la base de la información en el sistema, nunca deberías cambiar nada.

CERRANDO EL AÑO

En QuickBooks Online, puedes cerrar el año al ingresar una fecha de cierre para bloquear las transacciones igual o anteriores a esa fecha, adicionalmente puedes configurar un password de forma que estas no puedan ser cambiadas por usuarios sin autorización. Para establecer una fecha de cierre, sigue estos pasos:

- **Paso 1.** Ir al Menu de *Configuracion de la Rueda Dentada* (**Gear Icon**) y Click en *Configuración de Cuentas* (**Account Settings**).

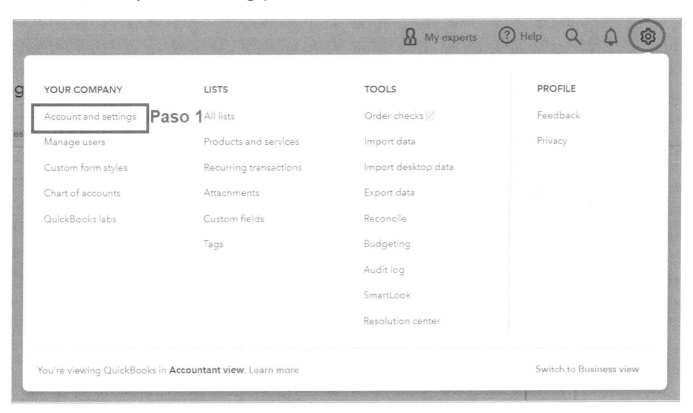

- **Paso 2.** Click en la opción de *Avanzado* (**Advanced**) e ir a la sección *Contabilidad* (**Accounting**) y Click en el icono del lápiz.

- **Paso 3.** Activar la opción de *Cierre de Libros* (**Closing Books**).

- Paso 4. Escribir la *Fecha de Cierre* (**Closing Date**), Seleccionar la opción de la lista desplegable llamada *Permitir Cambios después de ver un mensaje de Advertencia y escribir una Clave* (**Allow changes after viewing a Warning and entering a Password**), escribir la *Clave* (**Password**) y *Confirmar la Clave* (**Confirm Password**).

- **Paso 5.** Hacer Click en el botón *Guardar* (**Save**) y Click en el botón *Hecho* (**Done**).

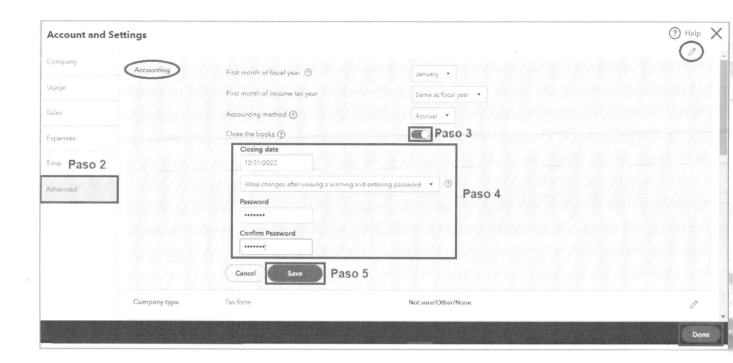

REPORTE DE EXCEPCIÓN DE FECHA DE CIERRE (EXCEPTIONS TO CLOSING DATE)

Incluso con la protección de contraseña, es posible hacer cambios en un año cerrado. Además, aquellos cambios para este año pueden hacer que los balances de apertura no sean exactamente igual que el balance de cierre del año pasado. Si tu contador o administrador descubren que los saldos de apertura del año no son iguales a los saldos de cierre del año pasado, pueden utilizar este informe para determinar el origen del error entre los balances de apertura y cierre. Para generar el reporte siga los pasos :

- **Paso 1.** Ir a la opción *Reportes* (**Reports**), en el cuadro de búsqueda escribir : **Exceptions** y luego hacer Click en *Excepciones del Día de Cierre* (**Exceptions to Closing Date**).

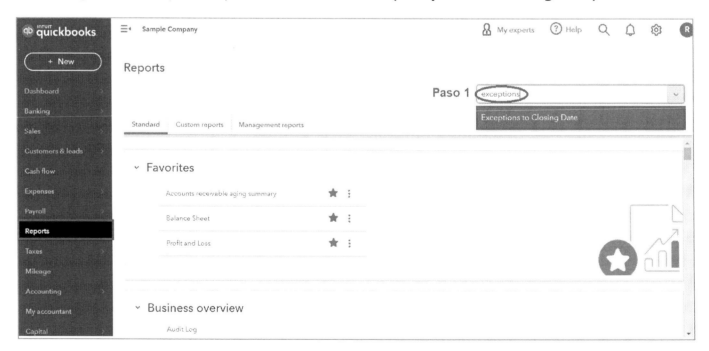

- **Paso 2.** Si tiene información se desplegará las transacciones que fueron hechas después del cierre y el usuario que la hizo, para ver el detalle hacer Click en la opción *Ver* (**View**).

Exceptions to 12/31/2022 Closing Date

You can see up to seven years of history in your audit log.

TRANSACTION	LAST MODIFIED	USER	HISTORY
Expense No. 3020 ID:145	Feb 20, 7:29 pm Mountain Standard Time	Craig Carlson	View

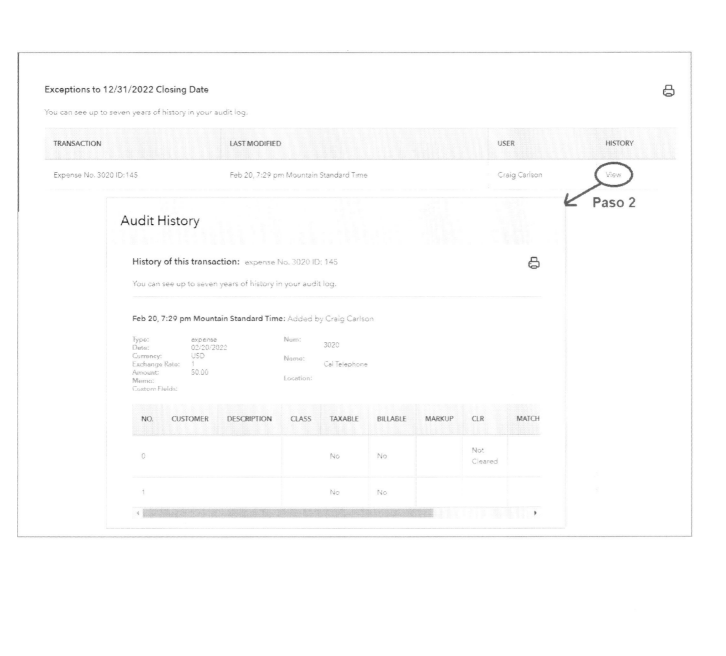

Paso 2

Audit History

History of this transaction: expense No. 3020 ID: 145

You can see up to seven years of history in your audit log.

Feb 20, 7:29 pm Mountain Standard Time: Added by Craig Carlson

Type: expense
Date: 02/20/2022
Currency: USD
Exchange Rate: 1
Amount: 50.00
Memo:
Custom Fields:

Num: 3020
Name: Cal Telephone
Location:

NO.	CUSTOMER	DESCRIPTION	CLASS	TAXABLE	BILLABLE	MARKUP	CLR	MATCH
0				No	No		Not Cleared	
1				No	No			

CONCLUSIONES

➢ QuickBooks Online es fácil e intuitivo de usar y constituye un estándar en la industria de programas contables en USA y Canadá.

➢ La principal ventaja es que a diferencia de la versión para escritorio se puede usar en cualquier localización por diferentes usuarios sin necesidad de configurar un software adicional para acceso remoto.

➢ Puedes usar una version de ejemplo completa a través del link :
https://qbo.intuit.com/redir/testdrive

➢ Ten presente escoger el plan que más se acomode a tu empresa, habla siempre con tu contador acerca de las necesidades y requerimientos financieros y contables de tu compañía. Recuerda que el manejo de *Nómina* (**Payroll**) requiere un plan de suscripción adicional, también si vas a manejar varias empresas por cada una tendrías que pagar una suscripción aparte, pero puedes acceder a todas usando el mismo usuario y clave.

➢ QuickBooks Online puede ser usado en múltiples dispositivos como : PC, Laptops, Tablets y Celulares. Además es compatible con gran variedad de apps y programas relacionados con Pagos, Reportes, Finanzas etc.

➢ Si tienes alguna pregunta o recomendación para mejorar este libro puedes escribir al correo : servercomusa@gmail.com con gusto te responderémos tan pronto como sea posible.

Made in the USA
Las Vegas, NV
22 August 2024